D1690395

Rolf Schneider
Angespitzt

„Nichts ist so schwer wie das Leichte" heißt eine der Wahrheiten des schreibenden Gewerbes. Ein zweite Grunderkenntnis lautet: „Nichts ist so abenteuerlich wie das Alltägliche", wo der ganz normale Wahnsinn zwischen Fasnet-Frohsinn, sterilen Supermarktkassen und entmutigenden Erziehungsversuchen gleichermaßen aufgeweckter wie vorlauter Kinder tobt. Seit Jahren lotet Rolf Schneider, zwischen Sport, Rock und buntem Allerlei pendelnder Redakteur der Schwäbischen Zeitung, die Untiefen des abenteuerlichen Alltags aus.

52 Folgen der beliebten Serie „Angespitzt" sind in diesem Buch zusammengefasst – kein repräsentativer Querschnitt, aber ein unterhaltsamer. Zeitgemäße Betrachtungen eines Unzeitgemäßen haben manchmal den Vorteil, dass sie zeitlos sind, leichte Kost für schwere Zeiten.

Rolf Schneider

Angespitzt

Ausgewählte Kolumnen
aus der Schwäbischen Zeitung

mit Illustrationen von Ulrike Bause

VRG
Verlag
Robert
Gessler

Mit Florett, Keule und Sympathie

Liebe Leserin!
Lieber Leser!

Rolf Schneider sagt – in Anlehnung an Franz Müntefering – über sich selbst, er habe „neben dem Papst den schönsten Job". Rolf Schneider ist Sportchef der Schwäbischen Zeitung, für die er seit 1975 schreibt. Informativ. Hintergründig. Unterhaltsam. Und: „Angespitzt". Unter diesem Titel geht es Rolf Schneider weniger um die Frage, warum der VfB Stuttgart bisweilen so kickt wie er bisweilen kickt. Vielmehr wechselt er für die wöchentliche Kolumne das Spielfeld und versucht mit allem gebotenen Ernst etwa zu erklären, weshalb Manni – in der Disco, nicht in der Turnhalle – auch im leicht fortgeschrittenen Alter nicht auf seine kurzen Hosen verzichten möchte. Oder weshalb Adiletten etwas für wahre Männer und ihre Füße, Flipflops dagegen etwas für Paris Hilton und Uschi Glas sind. Oder dass das Beste am neuen Lebensgefährten von Veronika Ferres ist, dass er sich seinen „Schiffschaukelbremser-Schnauzbart" abrasiert hat.

Vor allem aber rückt Rolf Schneider in „Angespitzt" regelmäßig dem Alltag mit seinen großen Herausforderungen und seinen kleinen Katastrophen, mit seinen meist harmlosen Bodenunebenheiten und seinen ab und zu gefährlichen Stolpersteinen zu Leibe – dem Alltag des Normalos, dem des Promis und immer wieder gerne auch seinem eigenen. Mal führt er dabei die feine Klinge, mal greift er zum Holzhammer, hin und wieder kommt auch die ganz große Keule zum Einsatz. Immer aber schreibt Rolf Schneider mit einem sicheren Gefühl für die Pointe, mit großer sprachlicher Präzision und – bei allen Seitenhieben – mit einer guten Portion Grundsympathie für den Menschen und seine Geworfenheit.

Rolf Schneider verfasst seine Kolumnen als Sohn, als Vater und als Ehemann, als Sportfan oder als Musikliebhaber, als Beobachter oder als Teilnehmer und vor allem: als Schwabe, der die Menschen im Süden Deutschlands, ihr Lebensgefühl und ihre Moden und „Meedala" ganz genau kennt. Deshalb erkennen sich auch die Leser in Schneiders Texten wieder. Und wenn nicht sich selbst, dann wenigstens die Nachbarin oder den Stammtischbruder oder den Chef oder den Menschen, dem sie zuletzt beim Bäcker, im Zug oder in der Wirtschaft gerne die Meinung gesagt hätten.

Rolf Schneider schont mit seinen Spitzen weder sich selbst noch die anderen, bleibt dabei aber immer oberhalb der Gürtellinie. Und wenn dem Leser dennoch hin und wieder das Lachen im Halse steckenzubleiben droht, klopft der Autor ihm beherzt auf den Rücken, so dass sich am Ende der Lektüre doch noch ein Lacher, mindestens aber ein Schmunzeln Bahn brechen kann.

Ich wünsche Ihnen gute Unterhaltung mit der vorliegenden Sammlung unterhaltsamer Lehrstücke mit Happy End. Oder anders: Lassen Sie sich von Rolf Schneider anspitzen.

Ihr
Hendrik Groth, Chefredakteur der Schwäbischen Zeitung

Inhaltsverzeichnis

Was wollen Frauen?	8
Old Bildungbürgertum	10
Gutes Wetter	12
Der Traummann	14
Zeit für Urlaub	16
Kindergeburtstag	18
Wahre Helden	20
Es lebe der Kartoffelsalat	22
Reden ist abseits	24
When I'm Sixty-Four	26
Von Menschen und Mäusen	28
Männer sind Störenfriede	30
Sodele	32
Listige Listen	34
Aller guten Dinge…	36
Richtige Kerle	38
Mutti war schön	40
Autos als Symbol	42
Männer sind cool	44
Lesefieber	46
Sinn der Erziehung	48
Strickender Sohn	50
Kochheilkur	52
50 plus	54
Mann und Mensa	56
Rechnen tut not	58

Powerfrauen	60
Papa ist dumm	62
Nomen est omen	64
Närrische Zeiten	66
Von der Völlerei	68
Nackte Tatsachen	70
Man spricht nicht Mundart	72
Wilde Tiere	74
Katzen-Seligkeit	76
Krawatte muss sein	78
Kaurismäkki grüßt	80
Gute Tipps	82
Töchter dürfen	84
Es wird bös' enden	86
Geht doch!	88
Lebensratgeber	90
Elternteile	92
„Noi, itä!"	94
Gutsein ist gut	96
Weihnachtstage-Plage	98
Wie wir überlebten	100
Männerfreunde	102
Was ist Glück?	104
Tolle Tage	106
Guten Tag	108
Über die Treue	110

Was wollen Frauen?

Man kann es drehen und wenden, wie man will – Elternteil zu sein hat viele Vorteile. Sind die Leibesfrüchte noch jung, halten sie einen davon ab, die Morgenstund faul im Bett zu vergeuden. Später sorgen sie dafür, dass das spärliche Einkommen nicht volkswirtschaftlich schädlich in ausländischen Urlaubsorten verpulvert wird, sondern in solch sinnvolle einheimische Konsum-Investitionen wie angesagte Marken-Klamotten, einen neuen Disc-Man oder einen MP3-Player gesteckt wird. Dabei lernt man dann, dass es sich bei dem MP3-Ding nicht um eine neu-entwickelte israelische Maschinenpistole, sondern um eine Art Walkman handelt, auf dem man bis zu 3000 Songs speichern und abhören kann. So bleibt man auf dem Laufenden. Vor allem auch geistig, was in Zeiten um sich greifender Hirnschwäche (Juhnke, Wussow, Küblböck) gar nicht hoch genug eingestuft werden kann. Man wird nämlich ständig mit Fragen traktiert, deren akkurate Beantwortung die Frischlinge aufs Leben vorbereiten sollen. „Wie sind die ollen Griechen auf die Pi-Zahl gekommen?", „Weshalb hat Hannibal Rom nicht eingenommen, sondern ist ante portas geblieben?", „Warum wird nach Einstein Materie, wenn sie Lichtgeschwindigkeit erreicht, zu Energie?", gehören da noch zu den leichteren Aufgaben. Richtig herb wird's erst, wenn einen Junior nach der ersten realen Herzweh-Attacke leicht verzweifelt fragt: „Was wollen Frauen eigentlich?" Tja. Gute Frage pflegt man in jenen Fällen zu sagen, bei denen man partout keine Antwort weiß. In diesem speziellen Falle wäre es im Sinne staatsbürgerlicher Betreuung gut, wenn uns die Regierung mit Rat und Tat zur Seite stünde. Den jährlich neu hinzukommenden Zuwanderern unserer Republik lässt die Integrationsbeauftragte der Regierung, Marieluise Beck, ein 220 Seiten dickes „Handbuch für Deutschland" zukommen, in dem alles steht, was man wissen muss. Beispielsweise, dass Ostereier „nicht von einer Henne, sondern vom Osterhasen stammen." Wahlweise auch, dass der Weihnachtsmann, nur „eine Art Märchenfigur" sei, die aber – Vorsicht! – in Wirklichkeit „oft zu Werbezwecken von Geschäftsleuten engagiert wird." Schön für die Zuwanderer. Wie wäre es, wenn die heranwachsende Jugend mit einem „Handbuch für Frauen" ausgestattet würde? 220 Seiten würden zwar sicher nicht ausreichen, aber man könnte erklären, dass Fußball und Fernsehen in der Frauen-Rangliste nicht ganz oben angesiedelt sind. Oder dass Damen Bier ähbäh finden. Oder ... – Wissen Sie was? Wechseln Sie doch das Thema und erklären Sie, weshalb Masse zu Energie wird; $E = mc^2$. Ist einfacher.

Old Bildungbürgertum

„Setz' dich auf deinen Hosenboden und lern! Was du im Kopf hast, kann dir niemand mehr nehmen!" – Vaters Gymnasiums-Durchhalteappelle waren durchaus eindrucksvoll. Also hat man sinus-cosinus-Funktionen gebüffelt, die man ebenso wenig im späteren Leben gebraucht hat wie den akkuraten Gebrauch des ACI (accusativ cum infinitvo, für Nicht-Lateiner). Das hat durchs Abitur geholfen und durchs Studium auch, doch inzwischen ist das gute, alte Bildungsbürgertum ebenso antiquiert wie „old economy". Deshalb steht man bei diversen geschäftlichen oder gesellschaftlichen Anlässen manchmal etwas orientierungslos auf dem Parkett herum. Die Gesprächspartner unterhalten sich wahlweise über Showgrößen, die sich gerade trennen/paaren oder beides gleichzeitig tun und deren Namen man noch nie gehört hat oder über die bluetooth-Funktionen ihres neuen UMTS-Handys, das sie upgraden haben lassen. Old Bildungsbürger steht daneben, hat null Durchblick und fühlt sich außerhalb der Zeit. Eine wahrlich schandbare Situation. Manchmal aber geht auch den Zeitgeistigen der Gesprächsstoff aus, und das Thema kommt auf einen Historienfilm, in dem König Arthus und die Ritter der Tafelrunde auftauchen. „Lancelot heißt einer", sagt der Herr Nachbar „und Parsifal gehört auch dazu." Da schlägt die Stunde des Alt-Gymnasiasten. „Parsifal gehört nicht überall dazu. Aber Tristram, Lamorak, Bors, Galahad, Gawain, Palomides, Kay, Mark und Mordred." Die Stille, die sich daraufhin ausbreitet ist mindestens so viel wert wie ein nigelnagelneues, sauteures Handy. „Sie trainieren wohl für Günter Jauch?" „Nee, ich hab' nur im Gymi aufgepasst –

damals, vor langer, langer Zeit." Danke, Vati! „Whow", sagt der Kollege anschließend auf dem Heimweg. „Du sagst doch immer: Gute Bildung ist wie teure Unterwäsche – man freut sich, dass man's hat, aber man zeigt's nicht jedermann?" „Muss manchmal sein." Lesen muss sowieso immer sein. Weshalb man kürzlich eine tiefgründige Abhandlung über das Wesen des britischen Empires im Allgemeinen und über die Raben des Londoner Towers ganz im Besonderen aufgesogen hat. Sechs dieser schwarzen Vogeltiere hausen im Tower, und sollten sie eines Tages die Festung verlassen, so die düstere Prophezeiung, falle nicht nur das ganze Gemäuer, sondern auch Britanniens Monarchie in Schutt und Asche, was man weder der Queen noch Charles' Gemahlin Camilla wünscht. Vorsichtshalber hat man sich die Namen der Raben gemerkt: Gwylum, Thor, Branwen, Hugine, Munin und Baldrick. Das klingt wie Harry Potter und kommt mindestens genauso gut. Man muss jetzt nur noch einen Dreh finden, um Gwylum und Konsorten ins nächste Partygespräch einfließen zu lassen. Aber wer sinus und cosinus unfallfrei überstanden hat, meistert auch diese Hürde. Locker.

Gutes Wetter

Seit ein paar Tagen ist das Passieren des Hausflurs beschwerlich geworden: Grünpflanzen aller Art und jeglicher Größe, die schon seit Wochen ihr Dasein im Freien fristeten, tropfen vor dem Schuhschrank ab. Die Gattin kontert den fragenden Blick sofort mit gärtnerisch-kategorischer Logik: „Die erfrieren mir draußen. Jetzt, wo es so ein Wetter ist." Es gibt kein gutes oder schlechtes Wetter, es gibt nur gute oder schlechte Kleidung, heißt eine alte Überlebenskünstlerweisheit, die sich heute vor allem in Golfspielerkreisen großer Beliebtheit erfreut. Man spielt (noch) nicht Golf, ist sowieso der Meinung, dass es keine gute oder schlechte Kleidung gibt, sondern nur bequeme und unbequeme, und überhaupt ist für das, was seit einiger Zeit meteorologisch abgeht, das Wort „Wetter" ein unzutreffend-schönfärberischer Begriff. Letztes Jahr hat man sich um diese Zeit bereits den ersten Sonnenbrand geholt – jetzt ist man in den vergangenen Tagen auf den Dachboden gestiegen und hat die Wintermäntel wieder geholt. Gott sei Dank hat man (aus Faulheit, nicht aus Voraussicht) die Winterreifen noch draufgelassen. So ein Sauwetter gab's eigentlich noch nie. Oder doch? „Das ist der Tag, da aufbrachen alle Brunnen der großen Tiefe und taten sich auf die Fenster des Himmels, und kam ein Regen auf Erden, vierzig Tage und vierzig Nächte." Nein, das ist nicht der Wetterbericht von morgen. Das ist 1. Mose, Kapitel sieben, Vers elf; Sintflut. Kommt einem aber irgendwie vertraut vor. Wenn das aktuelle Tiefdruckgebiet schon „Jekaterina" heißt ... Man möchte ja nicht dem EU-Kommissar Verheugen zu nahe treten, aber vielleicht hätte er sich das mit der Osterweiterung doch gründlicher überlegen sollen. Zumindest wettermäßig. Think pink! Sieh es positiv! Die Hautkrebs-Quote beispielsweise wird nach diesem Frühling (Frühling??) drastisch zurückgehen. Der Pollen-Allergiker aus der Nachbarschaft hat schon lange keinen so beschwerdefreien Mai verbracht. Die Ozonwerte befinden sich auf einem Tiefpunkt, mit dem höchstens noch der eigene Kontostand konkurrieren kann. Die atemwegsstörenden Rauchschwaden verbrannter Tiere, wenn der Nachbar wieder zu einem Grillabend eingeladen hat, sind ebenfalls im Nirwana verschwunden. Nur die liebe Bekannte, deren persönliche Feinde Schnecken sind, ist alarmiert, weil sich diese Weichteiltiere bei Dauernässe explosionsartig vermehren und im Garten so ziemlich alles ratzekahl fressen, was nicht gerade ein Kaktus ist. Aber dafür steigt der gesunkene Grundwasserpegel ebenso wie der des im Winter schier ausgetrockneten Bodensees. Und irgendwann wird es auch Sommer werden. Meine Prognose: Am 22. Juli von 11.00 bis 18.45 Uhr. Und in 29 Wochen – wenn die Grünpflanzen endgültig herinnen und die Doppelfenster eingehängt sind – ist Heiligabend. Hallelujah!

Der Traummann

„Übrigens", sagt Junior beiläufig am Telefon, „wenn ich am Wochenende heimkomme, bin ich wahrscheinlich nicht allein." Andauerndes Schweigen am anderen Ende der Leitung, dann: „Wie ist sie?" „Was soll ich schon sagen? Sie ist nett." Mehr Komplimente geht nicht. Junior ist als Sandwich-Kind aufgewachsen. Große Schwester, Junior, kleine Schwester. „Damit bist du für alle Fährnisse dieses Lebens ausgestattet", hat Vater ihm einst erklärt. „Du hast schon in jungen Jahren die andere Hälfte der Menschheit erlebt. Dich kann nichts mehr erschüttern." Theorie. Die Praxis sieht so aus, dass Junior immer noch staunt, wenn die Älteste ihr ausrangiertes Schuhwerk nach Hause verfrachtet, weil in ihrem Heim Schränke überquellen. „Zu was braucht ein Mensch so viele Schuhe?" fragt der Bruder, der mit zwei Paar auskommt: Stiefel für schlechtes Wetter, Turnschuhe für schönes, basta! Zu was braucht frau hohe, flache, spitze, mittelbreite, braune, weiße, blaue, grüne schwarze Schuhe? Eine Frage, die zu komplex ist, um von einem Mann beantwortet werden zu können. „Frauen sind eben anders", muss fürs Erste reichen. Aber, kleiner Tipp von Alt für Jung: Kürzlich haben zehn Münchner Journalistinnen ein Buch zum Thema „Traummann" herausgebracht. Die

Auflistung ist etwas – dezent gesagt – irritierend. Loriot taucht auf; kann man nachvollziehen. Die Filmstars Richard Gere und Jeff Bridges ebenfalls – natürlich. Und Daniel Cohn-Bendit, was doch leicht verwundert. Samt Prinz Charles. Junior: „Der mit den Ohren ein Traummann? So was finden Frauen gut?" Wie sieht dann eine Traumfrau aus? Im Zweifelsfall immer so, wie die aktuelle. Zumindest eine Zeitlang. Mit Einschränkungen. Man hat das Standardwerk „Warum Frauen nicht rückwärts einparken und Männer nicht zuhören können" im Kopf und sagt – Macho, Macho – „Einparken sollte sie übrigens auch können." Mannes Welt ist einfach. Oder auch nicht. Kurz darauf setzt der Herr des Hauses auf dem Recycling-Hof beim Zurückfahren sein Heck gegen einen Pfosten, den ihm perfiderweise jemand hingestellt haben muss. Vorher stand da keiner, ehrlich. Aussteigen, schadenfrohe Blicke aushalten, erklären: „Der Hund im Kofferraum hat die Sicht versperrt." Der Hund hat zwar brav am Boden gelegen, hält aber die Schnauze, was man ihm umso höher anrechnet, als es sich um eine Hündin handelt. Kein abwertendes Wort mehr über verbesserungsfähiges Rückwärtsfahren Andersgeschlechtlicher. Kein einziges. Wenn's jetzt noch mit dem Zuhören klappt, geht man glatt als Traummann durch.

Zeit für Urlaub

„Wenn man anfängt, seinem Passbild ähnlich zu sehen, ist es höchste Zeit, in Urlaub zu gehen", hat einmal ein Zeitgenosse erkannt. Es muss ein gescheiter Mensch gewesen sein. In jenen fernen Zeiten nämlich, als es noch richtige Grenzen gab in Europa und richtige Grenzkontrollen auch, gehörte es prinzipiell zu den Höhepunkten einer Gruppenreise, wenn die Pässe gezückt werden mussten und anschließend durch die Busreihen gereicht wurden. Lautes Gegacker nach dem Betrachten der jeweiligen Lichtbildnisse war garantiert, weil man auf Passfotos grundsätzlich so aussieht, als sei man gerade erkennungsdienstlich behandelt worden. Wer auf „Bitte lächeln" kein absolut bescheuertes Gesicht aufgesetzt hat, der ist kein Mensch. Damit ist es nun vorbei. Weil die neuen Ausweise die biometrischen Daten des Ausweisinhabers vermelden, darf auf den Passfotos nicht mehr gelächelt werden. Sei es, weil die Wächter der inneren Sicherheit meinen, dass es sowieso nichts zu lachen gibt. Sei es, dass Fröhlichkeit an sich schon verdächtig wirkt – jedenfalls ist Schluss mit lustig. Was schade ist, da die Kultur der Passfotografie an sich schon gelitten hat. Als alles noch seine Zucht und Ordnung hatte, also vor sehr, sehr langer Zeit, musste man nicht nur eine möglichst menschenähnliche freundliche Miene aufsetzen sondern (Erinnern Sie sich noch?) auch noch ein Ohr freilegen und fotografisch dokumentieren lassen. Was einerseits die Besitzer prachtvoller Segelohren immer keusch erröten ließ, andererseits bei Erreichen der Transitautobahn (die gab's mal), also vor der Fahrt durch den Arbeiter- und Bauernstaat Deutschlands (auch den gab's wirklich mal) den Grenzsoldaten der Nationalen Volksarmee immer Anlass zu intensiven Ohruntersuchungen gab. Vorbei, vergessen. Die Grenzstationen sind abgerissen oder zu musealen Ausstattungsstücken verkommen. Die Grenzschützer verdienen inzwischen entweder mit dem Verkauf von Versicherungspolicen oder als Ein-Euro-Jobber ihren Lebensunterhalt. Unsere Ohren interessieren keinen mehr außer den HNO-Arzt. Auf den Nicht-Lächeln-Bildern wird man so aussehen wie Angela Merkel am Wahlsonntag kurz nach Sechs. Es wird einem etwas fehlen. Erst kürzlich hat man anlässlich eines kleinen, klitzekleinen Verkehrsvergehens seinen Führerschein präsentieren müssen. Der ist noch grau, hat die Ausmaße eines mittleren Taschentuchs, und das Foto des damals jugendlichen Führerscheinbesitzers stammt von 1966. Der Polizist hat flugs seinen Kollegen herbeigerufen („Hosch so ebbes scho mal gseah?"), dann haben beide sehr lang und sehr kräftig gelacht. Anschließend hat der Führerscheininhaber seinen Lappen mit den Worten zurückerhalten: „A bissle schauat sie sich immr no ähnlich." Wird Zeit, dass man Urlaub macht.

Kindergeburtstag

Lesen bildet. „Wenn du nicht kämpfen willst, so kannst du ja fliehen. Die Tür steht offen. Geh." Das hat man vom römischen Philosophen Seneca. Guter Rat. Aber Seneca hatte es ja einst auch ausgesprochen leicht. Er war einer dieser alten Römer, die es bekanntlich toll trieben, und musste sich bloß mit einem gewissen Herrn Nero herumärgern. Seneca hat nichts von Hartz IV geahnt oder von einer Mehrwertsteuer-Erhöhung. Und er hat keine Kinder gehabt. Im anderen Fall hätte er garantiert andere Weisheiten niedergeschrieben. Weil vieles nämlich eh nicht geht, wenn man Kinder hat. Und eins gleich gar nicht: fliehen. Obgleich man es manchmal wirklich gerne täte. Wenn das Schulzeugnis dräut beispielsweise. Oder der erste Blechschaden mit dem väterlichen Auto. Oder Geburtstag. Kindergeburtstag. Zugegeben, in früheren Jahren hätte man angesichts eines bevorstehenden Kindergeburtstags viel darum gegeben, wenn die Seneca-Variante mit der offenen Tür offen gestanden hätte. Stand aber nie. Weil man die lieben Kleinen nicht alleine lassen kann, und die liebe Gattin noch viel weniger, wenn das ganze Haus bevölkert wird von Unholden, die später unsere Rente bezahlen sollen. Vorerst kosten sie. Vor allem Nerven. Topfschlagen, Versteck-Spielen und Mohrenkopf-Wettessen, nachdem garantiert dem Sieger schlecht wird; im Zweifelsfall auf der hellen Auslegeware. Junior war pflegeleicht, weil er immer grüne Plastiksoldaten geschenkt bekam, mit denen seine Kumpels heißen Herzens spielten, weil das in deren politisch korrektem Zuhause so was von ähbäh war. Bei den Töchtern gab's keine Militaria, dafür aber garantiert Zicken-Zoff. Und am Abend eines solchen Freudentages fläzten sich Mutter und Vater mittelschwer erschöpft im Sessel und seufzten: „Überstanden – für ein Jahr." Aber man glaubt gar nicht, wie schnell solch ein Jahr vergeht. Viele Jahre sind mittlerweile vergangen. Junior feiert inzwischen unkompliziert, weil seine Kumpels einen Kasten Bier mitbringen und ein neues Computer-Spiel – alles geritzt. Die große Tochter fetet in der mittelhohen Society auswärts. Und die Jüngste richtet eine Party mit einem guten Dutzend Halbwüchsiger aus, von denen man sich vorsichtshalber alle Adressen aufschreiben lässt. Für den Fall der Fälle. Fall tritt nicht ein. Die Nachbarn kommen auch ohne Hörsturz durch die Nacht. Und irgendwie merken die Erzeuger, dass alle Last auch Lust in sich birgt, und die Kinder keine Kinder mehr sind, sondern eigenständige Lebewesen, und die Kindergeburtstage endgültig Vergangenheit. Es ist schon gut so, dass man sich damals nicht an Seneca halten konnte. Auch olle Philosophen haben eben manchmal unrecht. Denn die offene Tür ist nicht immer die richtige.

Wahre Helden

Die wichtigen Dinge des Lebens drehen sich bekanntlich nicht immer darum, ob jetzt Deutschland im UN-Sicherheitsrat einen Sitz bekommt oder ob die deutschen Olympioniken letztendlich zu wenig Edelmetall mit nach Hause bringen – nein, die wirklich wichtigen Dinge des Lebens werden zu Hause entschieden, in den eigenen vier Wänden. Da gilt es, Rede und Antwort zu stehen. Zum Beispiel auf die Frage: "Papa, was ist ein Held des Alltags?" Der Angesprochene, der gerade den randvollen Mülleimer nach unten geschleppt hat, könnte jetzt locker auf sich deuten – aber das wäre zu easy. Also erzählt er die Geschichte, wie er mal im Flughafen von Rom in einer endlosen Schlange anstand und neben der Schlange wartete eine afrikanische Großfamilie mit schätzungsweise 48 Mitgliedern und drei Mal so vielen Koffern. "Pass' auf", flüsterte Papas Kumpel, der eine Seelenverwandtschaft zu Kassandra haben muss, "pass' auf, die stellen sich nicht an, die drücken vorne rein!" Kassandra war bekanntlich jene trojanische Königstochter, die das Unheil vorhersah, der aber eines Götterfluchs wegen keiner glaubte. Papa glaubte. Und siehe da – kurz vor dem Einchecken biegen die Gäste wie ein Autobahndrängler mit dem Gepäck ein und drängeln und drücken, und alles ballt sich, und der Kumpel hält den Jähzornigen am Arm fest, weil er weiß, jetzt geht der Adrenalinspiegel nach oben, und die Halsader schwillt, und es passiert gleich ein Unglück. Doch es gibt auch noch andere Rechtsgläubige. "Du stellst dich da hinten an wie wir alle anderen auch!", schreit empört ein Rothaariger, den seine Sommersprossen eindeutig als Iren ausweisen. "Du sagst das nur zu mir, weil ich ein Schwarzer bin", kontert der Herr der 387 Koffer. Betroffenes Schweigen macht sich breit. Afrika hat ja wirklich so viel Leid erfahren und überhaupt ... Der Rothaarige ist gar nicht für überhaupt: „Nein, ich sage das, weil du ein A... (die nächsten Buchstaben sind der elterlichen Selbstkontrolle zum Opfer gefallen) loch bist!" Die gar nicht mehr so kleine Tochter ist mittelschwer beeindruckt. „Und das war ein Held des Alltags?" „Ja, weil er gegen den Strom geschwommen ist und sich getraut hat zu sagen, was viele sich eben nicht getraut haben." Langes Schweigen. Beeindrucktes Schweigen. „Aber so richtig heldenhaft war das doch nicht. Was ist denn nun wirklich heldenhaft im Alltag?" Grübel, grübel und sinnier. „Also, zum Beispiel wenn Mama sich ein neues Kleid gekauft hat und heimkommt und sich freudestrahlend zeigt und fragt: ‚Steht es mir?' und ich antworte ‚Nein, überhaupt nicht. Es sieht entsetzlich aus!'" „Machst du das denn?" „Nee", sagt Papa, „wo denkst du hin. Um Himmelswillen. Ich bin doch kein Held!"

Es lebe der Kartoffelsalat

Große Tochter verspürt kleines Unbehagen: „Die neue Arbeitskollegin nervt." Warum? „Sie ist so anders." Bruder unterbricht seine kontemplative Phase, gemeinhin auch Maulfaulheit geheißen: „Wo kommt die her?" „Kiel oder Flensburg." Bruder quittiert dies mit einem befriedigten Grunzen, weil damit die Problematik erklärt ist: „Fischkopf." Manches eher bauchgesteuerte süddeutsche Unbehagen ist seit dem Ausgang der Bundestagswahl wissenschaftlich unterfüttert. Selbst die honorige „Zeit" aus Hamburg(!!) stellte fest, dass ein Graben durch Deutschland geht – und zwar zwischen Nord und Süd: „Die wahre innerdeutsche Grenze ist nicht die ostwestliche, es ist der Limes." Der Norden ist ernst, der Süden lebensbejahend. Dass der schriftstellernde Englischmann Patrick Leigh Fermor, der 1933 zu Fuß von Holland nach Istanbul wanderte, den Höhepunkt seiner Reise in München ansiedelte, ist nur noch logisch. Tut gut, wenn das, was man immer schon geahnt hat, endlich auch schwarz auf weiß festgehalten ist. Wie doof hat man dagestanden, als man vor Lichtjahren aus der kleinen Allgäustadt aufbrach in die große Universität und staunend miterlebte, was die hochdeutsch sprechenden Kommilitonen alles sagten und wie schnell sie es sagten. Nach einer Weile hat man begriffen, dass viel reden und gescheit reden zweierlei Dinge sind. Und dass Menschen, die den Spargel quer essen können, kein Maßstab sein müssen. Die Welt nördlich des Limes ist eine andere. Das hat man schon vor gut 30 Jahren festgestellt, als man eine holde Maid im Bergischen Land besuchte und diese Kartoffelsalat als Willkommensgericht auslobte. Der Gast aus dem Süden verkauft für einen gut angemachten Kartoffelsalat sein Erstgeburtsrecht. Umso größer wurden seine Augen, als die Dame des Hauses einen großen Topf mit einer lila schimmernden Masse auf den Tisch stellte, in dem kleine Kartoffel- und größere Matjesheringstückchen schwammen. „Was'n das?" „Kartoffelsalat." Man hatte zwar schon mitgekriegt, dass in kulinarisch unterentwickelten Gebieten Kartoffelsalat an Majonäse gereicht wird und hatte dies bislang für den Gipfel lukullischer Anarchie gehalten. Es geht noch schlimmer – was hiermit bewiesen wurde. Das lilafarbene Dingsda hat man – zum Leidwesen der Gastgeberin nur in homöopathisch kleinen Dosen genossen – leidlich überstanden. Umso größer war kurz darauf das Erstaunen über das rasche Vorhaben der Salatbereiterin, ihre Wohnung im Bergischen aufzugeben und ins Allgäu zu ziehen, was ihr nur unter Anwendung aller Eloquenz ausgeredet werden konnte. Über das Motiv rätselt der Allgäuer noch heute. Lockruf des Südens? Öfter mal was Neues? Wahrscheinlich hat sie nur einmal einen richtigen Kartoffelsalat probieren wollen. Einen schwäbischen.

Reden ist abseits

„Sind Männer so?" Jedesmal wenn die große Tochter ein Telefonat mit dieser Einleitung beginnt, weiß Vater: Auweia! Die Fragegründe variieren meistens: Mal will Töchterleins Gspusi allein in den Urlaub fahren, mal solo aufs Oktoberfest, dann macht er mal in der Bar seines Freundes durch und ist den ganzen Sonntag über nicht ansprechbar und wenn er ansprechbar ist, guckt er Formel 1 im Fernsehen – in jedem Fall erregt er Missfallen. Vaters Antwort „Männer sind so!" erntet wenig Beifall. Auch die alte Integrations-Regel der kolonialen Engländer – „Entweder du gewöhnst dich an die Eingeborenen (in diesem Fall: Männer); oder du wirst sie hassen." – stimmt auch nicht heiterer. Allerdings ist die unheitere Tochter I Kummer gewohnt. Als Erstgeborene hat sie alle Kinder-Hindernisse, die unerfahrene Eltern aufbauen, aus dem Weg räumen müssen, auf dass der Boulevard des Lebens für die nachfolgenden Geschwister frei sei. „Ich war der Schneepflug", stöhnt sie ab und an. Nicht ganz zu unrecht. Vater erinnert sich an den Akt, den man veranstaltet hat, als die Erstgeborene mal ein Fünfzigpfennigstück verschluckte: Krankenhaus-Ambulanz, Nachtwache am Bett – das ganze Programm. Als Kind Nummer III dann ein ähnliches Malheur passierte, hörte es bloß noch ein total cooles: „Pass' auf dem Klo auf, wenn es klimpert. Ich möcht das Fuffzgerle bitteschön unbedingt zurück!" „The times they are a-changing"; die Zeiten ändern sich. Allerdings nicht die Menschen. Weshalb Sohnemann, Sandwichkind (große Schwester, kleine Schwester) und als solches mit allen Unwägbarkeiten des Daseins vertraut, locker durchs Leben kommt. Vor allem seit er die neue

Macho-Bibel („Stirb Susi! – Der Softie macht den Abgang") gelesen hat. Eine Autorin mit unaussprechlichem Namen verbreitet darin Thesen, die im politisch korrekten Dasein eigentlich völlig unaussprechlich sind. „Von den fünf Dingen, auf die sich ein Mann für gewöhnlich am meisten freut, sollte Bier eines sein", heißt eine davon. „Männer, die im Sommer Füßlinge tragen, um ihre Schuhe zu schonen, tragen auch Slip-Einlagen", eine andere. Junior jauchzt: seine Rede! Seine – übrigens nette – Freundin hat er schon dahin gebracht, dass sie den Mund hält, wenn am Samstagabend eineinhalb Stunden „Sportschau" mit Fußball-Bundesliga läuft. Getreu dem Motto, dass wahre Männer nicht viel reden. Und am allerwenigsten dann, wenn die Begleiterin beim Spiel sagt: „Uuiih – der hat aber einen netten Po; wie heißt der denn?" und der mit dem Knack-Po gerade ein Tor gegen die eigene Mannschaft geschossen hat. Männer schweigen. Im Schweigen ruht die Kraft. Vielleicht liegt es auch daran, dass die große Tochter manchmal so peilungslos umherirrt. Schweigen ist Gold. Reden ist abseits. Ganz einfach. Ganz schwierig.

When I'm Sixty-Four

Die Zeichen mehren sich. „Meinen Sie nicht, dass Sie so langsam aufhören sollten?" sagt der Orthopäde nach einer Sportverletzung und tippt mit dem Kugelschreiber auf jene Stelle des Krankenblattes, wo das Geburtsdatum draufsteht. „Lass' mal, denk' an dein Kreuz", brummelt Junior und wuchtet eine schwere Kiste hoch. Im Briefkasten liegen seit geraumer Zeit neben dem gewohnten Werbemüll diskrete Briefe, von deren Briefkopf ernste Männer in weißen Kitteln blicken und Hilfe bei Problemen versprechen, die vornehmlich „Männer im besten Alter" drücken sollen. „Und was kriegen Sie, junger Mann?" sagt die Verkäuferin freundlich. Wenn ein Grauhaariger mit „junger Mann" tituliert wird, dann weiß er: Mann wird alt. Es gibt viele sprachliche Kniffe, die Unliebsamkeit dieses unabwendbaren Prozesses zu bemänteln. „Man wird nicht jünger" gehört zu den beliebtesten Phrasen. Der Komparativ „Man wird älter" neigt zur Verniedlichung des Phänomens. Und Ausflüge ins Reich der Philosophie helfen auch nicht sehr viel weiter. „Es kommt nicht darauf an, wie alt man wird, sondern, wie man alt wird", hat kürzlich eine Freundin auf eine Geburtstagseinladung geschrieben. Klare Antwort: ungern, ausgesprochen ungern. Irgendwann wehen die Melodiefetzen eines Beatles-Klassikers durch die Erinnerung: „Will You still need me, will You still feed me, when I'm Sixty-Four?" Das war in den Sechzigerjahren und Sixty-Four schien Lichtjahre weit weg. Und jetzt, zwei Wimpernschläge später, berichtet man nach einer Geschäftsreise belustigt seiner Frau, dass man abends an der Bar von einer Dame Avancen bekam: „Stell' dir vor, so eine

Grauhaarige." Die Gattin mustert ihren Gatten mit röntgenartigem Gönnerblick und sagt trocken: „Na und? Sie hat sich was in ihrer Altersklasse gesucht." Bingo. Altersklasse ist immer gut. Durch den Sport hat man früh mitgekriegt, dass es Jüngere gibt, die schneller sind. Der Friseur hat es sich abgewöhnt, einem die Haare tönen zu wollen – alte Wölfe werden nicht nur, sie bleiben auch grau. Was bleibt ist Musik von ehedem, laut, heiß und rau. „What a drag it is, gettin' old" röhrt es aus der Box, „Es ist blöde, alt zu werden". Das hat Mick Jagger gesungen, als seine Knie-Krampfadern noch nicht aussahen wie das Amazonas-Delta und sein Gesicht wie ein ungemachtes Bett; als er keinen Stress mit Ex-Ehefrauen hatte und keine ungezogenen Töchter, die anders tun, als Papa will. „Der sieht vielleicht alt aus", sagt Töchterchen beim Anblick des Rock-Dinosauriers. „Wenn du die Hälfte von dem hinter dir hättest, sähest du noch viel älter aus", kontert Papa knurrig, preist den alten „Stone" in höchsten Tönen und beschließt, dass Geburtstagsphrasen manchmal doch stimmen können, so was wie „Sind bloß Zahlen." Stimmt zwar nicht. Hilft aber ungemein. Und hat garantiert keine Nebenwirkungen.

Von Menschen und Mäusen

Zugegeben, manchmal hat der Chronist schon an Sinn und Nutzen der Ministerien gezweifelt. Was sehr oft zutrifft – im Fall des Landwirtschaftsministeriums Stuttgart und vor allem des dort beschäftigten Gerhard Kuhn aber überhaupt nicht. Der Ministerialbeamte Kuhn hatte nämlich die durchaus komplexe Aufgabe, die Beschwerde einer Tierschützerin aus dem Badischen zu beantworten, die beim „Kuhbingo" die Würde der Kuh verletzt sah. Kuhbingo ist, wenn ein Feld in Planquadrate aufgeteilt und eingezäunt wird, worauf sich ein Exemplar des „bos primigenius forma domestica", vulgo des gemeinen Hausrinds, tummelt und das tut, was Rinder auf Wiesen neben Fressen und Muhen zu tun pflegen. Setzt es seinen Fladen auf ein Planquadrat, auf das ein Zuschauer Geld gesetzt hat, wird's für diesen lohnend. So weit, so gut. Gar nicht gut, fand die Frau aus Baden, weshalb ihre Klage wegen Würdeverletzung des bos domestica unter Aktenzeichen „34-9185.68: Kuhfladenlotterie – tierschutzrechtliche Bewertung" ebenso Niederschlag im Landwirtschaftsministerium fand wie die Antwort des Staatsdieners Kuhn. Wortlaut: „Die Empfindungen einer Kuh, die beim Absetzen von Kot von einer größeren

Anzahl von Menschen beobachtet und gegebenenfalls angefeuert wird, entziehen sich derzeit der wissenschaftlichen Nachprüfbarkeit." Im Klartext: Was ein Rindvieh denkt, ist für den homo sapiens nur ansatzweise nachvollziehbar. „Logisch", sagt Junior, der gerade bei seiner Freundin die Rätselhaftigkeit des Universums erlebt, „wir wissen ja nicht einmal, was Frauen denken." „Ooch", sagt der Erzeuger gedehnt. „Sagen wir mal so: Tiere haben es manchmal leichter. Man muss ja nicht gerade ein Rindvieh sein, obwohl nicht alle dieser Gattung Zugehörige den Namen bos domestica tragen. Präriewühlmaus wär' nicht schlecht." Präriewühlmäuseriche leben nämlich in Nordamerika vor sich hin, bis sie eine passende Maus finden, mit der sie zügig zugange kommen. Einen Tag und eine Nacht lang paart sich das Paar, nach Schätzung honoriger Zoologen zirka zwei Dutzend Mal (bloß kein Neid!), woraufhin ihre Hirne spezielle Hormone ausschütten – danach bleiben die beiden nämlich ein Mäuseleben zusammen, absolute Monogamie. „Unvorstellbar!" sagt Junior. „Unvorstellbar", gibt ihm Vater Recht, „stell' dir so ein Leben vor: Ein Leben ohne Versuchungen, keine nagenden Eifersüchte, kein Kinder-Argwohn mit anschließendem DNA-Test, keine Trennung, keine Scheidungsanwälte. Die meisten Menschen sollten Präriemäuse sein." „Man müsste herausfinden", grübelt Sohnemann, „was die Mäuse denken und warum sie so sind. Die Leute könnten glücklich werden." „Menschen und glücklich? Ausgeschlossen", kontert Vater, „vorher landest du den Hauptgewinn im Kuhbingo."

Männer sind Störenfriede

England hat es wirklich besser. Sehen wir mal von der trüben Plörre ab, die jenseits des Kanals als Bier verkauft wird, von kulinarischen Attentaten wie Lamm mit Pfefferminzsoße oder dem gemeinen angelsächsischen Landregen, dann müssen wir das spätestens heute feststellen, da eine königliche Hochzeit zelebriert wird: Zugegeben, Prinz Charles sieht ein bisschen anders aus als George Clooney, und Camilla mag man sich auch nicht so richtig als Fotomodell im „Playboy" vorstellen – doch irgendwie hat so eine monarchische Marriage entschieden mehr Flair als eine bloße bundesdeutsche bürgerliche. Gut, der Kanzler und sein Vize haben ein paar standesamtliche Erfahrungen mehr als der Prinz von Wales. Doch wenn man die Wahl hätte, der zweiten Hochzeit von Prinz Charles oder der fünften Vermählung von Josef Fischer beizuwohnen – dann doch lieber der mit den Ohren. Schließlich redet der sogar mit Pflanzen, was darauf schließen lässt, dass er auch mit Camilla plauscht. Wohingegen beim noch amtierenden Außenminister ausgesprochen fraglich ist, ob er mit etwas anderem redet als mit seiner Badezimmerwaage. Und mit der in letzter Zeit wohl auch nicht mehr. Dass er trotzdem immer noch junge Frauen abkriegt ist eines der großen ungelösten Rätsel der Gegenwart. „Warum heiraten die eigentlich?" Tochter Xenia, glühende Diana-Verehrerin, versteht die Welt nicht mehr. Väterliche Belehrungsversuche, dass Camilla ein humorvoller Mensch sein soll und es auf Äußerlichkeiten nicht so ankommt, verhallen ungehört. Was bringt denn den Menschen dem Menschen nahe? Uschi Glas, die Mater dolorosa aller Schönheitscremes, weiß es. „Wir sind lauter kleine Bälle, die so durchs Leben hopsen. Und wenn wir uns mit einem anderen Ball zusammentun, dann werden wir nach und nach jeweils zu einem halben Ball, der dann insgesamt einen großen ganzen ergibt." Was will uns die Philosophin damit sagen? Das ganze Leben ist ein Spiel, das von Schiedsrichtern wie Robert Hoyzer geleitet wird? Nicht alles, was zusammenhopst, gehört auch längerfristig zusammen. „Neue Bälle, bitte", ist ein Lebensmotto, das nicht nur für Tennisspieler zutrifft. Vorhang zu und alle Fragen offen. Vor allem jene, weshalb Menschen, die eine Ehe schon einmal halbwegs heil hinter sich gebracht haben, es doch immer wieder aufs Neue versuchen. Der Chronist kriegt eine Gänsehaut, wenn er an das Café denkt, wo am Nebentisch fünf Damen plauschten. „Wenn mein Mann noch lebte", sagte eine, „dann wäre ich mit Sicherheit noch nicht so weit, wie ich jetzt bin." Jetzt weiß Mann, was Männer sind: Bremsklötze, Störenfriede. Da haben es die heute Neuvermählten besser. Prinz Charles redet mit seinen Pflanzen – die geben keine Widerworte. Camilla schießt Moorhühner – das ist gut für den Seelenfrieden. Beide riechen nach Pferd – da stört's keinen. England hat es wirklich besser.

Sodele

Wie leer wäre das Leben und wie beschränkt unser Horizont, gäbe es keine bunten Nachrichtenmagazine, die uns die Welt erklären. So hat ein den Fakten, Fakten, Fakten verpflichtetes Wochenblatt kürzlich einen der verkanntesten und krassesten Missstände aufgedeckt: das Leiden der Schwaben an ihrer Sprache. „Über den Murmeldialekt stolpern offenbar einige Leute aus dem Ländle – vor allem im Job. Der Schwabe guckt neidvoll an die Isar, denn er weiß um sein mundwerkliches Handicap." Weshalb eine gewisse Ariane Willikonsky Sprachkurse anbietet, in welchen der Dialekt abtrainiert werden kann. Ha no! Jedem Schwaben geht beim Wort „Ländle" schon mal das Messer im Hosensack auf, weil kein Einheimischer „Ländle" sagt. Das tun bloß Zugereiste. Dass der Bundes-Klinsi als „Überzeugungsschwätzer" tituliert und mit dem Satz zitiert wird: „Des sin Gefühle, wo man schwer beschreiben kann", sagt dann schon alles, weil jeder weiß, dass die Sätze, die wo der Jürgen sagt, anders lauten. Und überhaupt kann die Unterstellung, ein aufrechter Schwabe leide unter seiner Mundart, nur auf dem Mist irgendwelcher rotgrüner Akademikerinnen (nur echt mit Doppelnamen) aus den neuen Bundesländern gewachsen sein. Schwäbisch ist nämlich nicht nur einer der markantesten Dialekte, sondern auch einer der komplexesten. Einerseits variiert das Idiom unserer Heimat eine Vielzahl von Begriffen – so gibt es statt des simplen hochdeutschen „nichts" gleich ein halbes Dutzend landesüblicher Begriffe: „net", „eta", „et", „it" oder „ita". Auf der anderen Seite pflegt der schwäbische Mensch mit seiner Mundart eine aufs Wesentlichste reduzierte lakonische

Kompaktheit, die nur noch vom Lateinischen erreicht wird. So reichen die Buchstaben „a" und „h" aus, um gleich drei Worte zu bilden: „Ja" (aha), „Nein" (a – a) und „Wie bitte?" (ha?). Landesfremde können sich die Mühe sparen, diese Phonetik zu erlernen. Die Nasallaute, die dazu existenziell erforderlich sind, hat man entweder in den Genen oder gar nicht. Schwäbische Kompaktheit ist nicht globalisierbar. Ein schwäbischer Bräutigam, beispielsweise, kommt bei seiner Hochzeit mit drei Worten aus. „Ja" in der Kirche, „Hoppla" wenn er beim Tanz seiner Braut auf die Füße tritt und „Sodele" wenn er irgendwann die Hosenträger abstreift. Mehr wär' gschwätzt. Ariane Willikonsky sieht das anders. Und plagt ihre Klientel mit Sätzen wie „Auf der Bahn sitzt ein Hahn und schaut mich an." Wenn man das sagen kann, habe man dem Dialekt entsagt. Der Chronist kontert mit einem Satz, gegen den der bayerische Eichhörnchenschwanz (Oachkatzlschwoaf) eine kinderleichte Übung ist. Bitte „das Instrument nach unten befördern" ins Schwäbische übersetzen. Schwierig? „Dr Abarat ra' tra'." Ganz einfach. Ariane Willikonsky, übernehmen Sie!

Listige Listen

Ein Hoch auf den Schwachsinn, dem man immer wieder verfällt. Teil zwei eines Bestsellers beispielsweise, den man verschlungen hat und dessen Fortsetzung so fesselnd ist wie das nächste Buch von Dieter Bohlen. Oder die neue CD von Bob Dylan, den man seit „Sad eyed Lady of the Lowlands" liebt und seither oft verflucht hat. Der Restaurant-Geheimtipp, nach dessen Test man um ein halbes Monatsgehalt ärmer und um den Vorsatz reicher ist: „Nie wieder!" Und natürlich: „In & Out"-Listen, wo so Sachen angesagt sind wie „In ist: Rosen überall – auf Vasen, Köpfen, Taschen, Schuhen." „In" sind in der Jahreszeit der langen Abende vor allem Brettspiele. Spiele fördern nämlich – so die Wissenschaft – das Miteinander. Nichts gegen die Wissenschaft. Aber man erinnert sich an „Mensch-ärgere-Dich-nicht"-Abende, wo Ghandi-ähnliche Gutmenschen zu tobenden Monstern mutierten, als sie zum x-ten Mal vor dem finalen Zug rausgeworfen wurden. „Monopoly" passt zwar gut in den profitlichen Zug der Zeit, hat allerdings die Nebenwirkung, dass immer der Gleiche gewinnt: Sohnemann, der sonst keine fünf Euro bei sich behalten kann, sitzt am Schluss auf Schlossstraße und Parkallee, hat alle Bahnhöfe und Elektrizitätswerke, kassiert Miete ohne Ende, und der Rest der Familie kann Finanzminister Peer Steinbrück nachfühlen: Schulden, nichts wie Schulden. Etwas anspruchsvoller sind da schon Psychospiele, wo es um höchstmögliche Ehrlichkeit (man könnte auch Schonungslosigkeit dazu sagen) gegenüber sich selbst und den Mitspielern geht. Seit ein Bekannter bei einem dieser Seelendoktor-Seminare auf die Frage „Für wie intelligent halten

Sie sich: außerordentlich? sehr? ziemlich? durchschnittlich?" Variante eins genannt und daraufhin brüllendes Gelächter der Mitspieler geerntet hat, kennt der Autor das durchaus zersetzende Moment moderner Spiele. Doch es geht noch trendiger. Der absolute Renner im aktuellen Weihnachtsgeschäft soll ein Werte erhaltendes Spiel sein: „Schatzkiste der Liebe." Paare, die sich nicht mehr so ganz sicher sind, ob ihr Zusammensein nun wirklich eine Schatzkiste oder doch nur eine Beziehungskiste mit befristetem Haltbarkeitsdatum ist, können dabei mittels 32 Dialogkarten und Fragen wie „Was war noch mal das Besondere an unserer ersten Begegnung?" Öl in das erlöschende Feuer ihres Zusammenseins gießen. Wem zu dieser Frage allerdings nichts einfällt, der kann gleich ins Gefängnis (Gehe nicht über Los, streiche keine 4000 Mark ein) ziehen. Da hilft dann nur noch die richtige Antwort auf die Fragekarte „Welches Lied würde ich ganz für dich allein singen?" Man kann sich viele peinliche Momente vorstellen – bei diesem versagt die Vorstellungskraft. Wir brauchen einfach ein neues Spiel. Welches? Wir stellen eigene „In & Out"-Listen auf.

Aller guten Dinge…

„Aller guten Dinge sind drei", sang einstens der Liedermacher Reinhard Mey vom Segen des Kinderreichtums. Nach der Ankunft von Nummer drei hat Vater in gar so mancher unruhigen Nacht schlaftrunken sinniert, ob auch gute Liedermacher manchmal falsch liegen können. Die Zeiten sind ruhiger, Nummer drei ist größer geworden und wer sich gegen zwei ältere Geschwister durchsetzen muss, eignet sich genügend Ellenbogenhärte an für den weiteren Lebensweg, milde Gelassenheit inklusive. Mit der Gelassenheit ist's vorbei, als die große Schwester von einem ernsthaften Zwist in einer befreundeten Familie erzählt, wo der mittlere Bruder vom Prinzen zum schwarzen Schaf mutiert ist, weil er angeblich die kleine Schwester in ihrer Entwicklung behindert und deformiert habe. Das Delikt war die an die Eltern gerichtete Frage „Hat das noch sein müssen?", als bei ihm Nummer drei auf die Welt gekommen war. Das ist jetzt zirka 20 Jahre her, doch die Schrammen auf der Seele der kleinen Schwester des großen Bruders schmerzen immer noch. „Ha?", sagt die eigene Nummer drei, „was soll dann ich dazu sagen?", und funkelt ihre beiden großen Geschwister an. Die Mutter hat einst in jenen fernen Zeiten, als es noch zwei Mal im Jahr Sperrmüllabfuhr gab, einen großen Haufen unnütz gewordenen Gerümpels am Gartenzaun aufgestapelt. Die große Schwester betrachtete nachdenklich das geschäftige Treiben und hatte eine Idee: „Könnten wir nicht die Kleine dazustellen, damit sie auch abgeholt wird?" Der Vorschlag fand übrigens keine elterliche Mehrheit. Ein festes und Geldbeutel schonendes Ritual in einem Dreikinderhaushalt sind nicht nur Sperrmüllhalden, sondern auch Kinderkleiderbasare, wo zu klein gewordene Sachen ver- und größere Klamotten günstig eingekauft werden. Bei der logistischen Vorbereitung eines Bazars, sprich dem Beladen des Kofferraums bis unters Dach, überkam den Bruder eine Erleuchtung: „Könnten wir nicht die Kleine mit auf den Bazar nehmen und auch verkaufen?" Da Sohnemann ansonsten jegliches kaufmännische Talent vermissen ließ, erstaunte der Schwenk ins Merkantile. Da aber die preisliche Gestaltung des Handels zu undurchsichtig schien, wurde auch diese Variante verworfen. Was heißt: Eins und zwei haben sich mit Nummer drei arrangiert, streiten und frozzeln sich, und seelische Schäden kriegt in unserer Familie höchstens eines der Elternteile, wenn es in die Zimmer der Leibesfrüchte – ganz egal ob 1, 2 oder 3 – blickt. Die kleine Schwester hat alles robust und gut überstanden und überlegt höchstens noch ab und zu, wie sie sich an ihren Geschwistern rächen kann. Vater weiß Rat. Er wird ihr eine alte Tonbandkassette von Reinhard Mey schenken, die sie in Anwesenheit ihrer Geschwister auf laut stellen darf: „Aller guten Dinge sind drei."

Richtige Kerle

Tests sind toll. Seit der Chronist in jungen Jahren bei der damals auch sehr jungen Zeitschrift „Twen" einen Partnerschaftstest mitgemacht hat, ist er infiziert. Der Test bestand damals aus zirka 38 DINA4-großen Computerbogen, worauf man einzutragen hatte, welche Bücher man liest, welche Band man mag, welchen Schulabschluss man gemacht hat und wie man sich das Weib seiner Träume vorstellt. Entweder hatte man beim Ausfüllen geschludert, oder der Computer hatte eine Fehlfunktion, jedenfalls hat er dem Autor eine HHT (Haushalt-Handarbeit-Turnen)-Lehramtskandidatin aus Kirchheim an der Teck zugewiesen, die für Chris Roberts schwärmte. Obwohl Computer keine Menschen sind, können auch sie irren. Richtige Menschen lösen gerne Tests. Vor allem solche wie „Sind Sie ein Frauentyp?" (Auflösung: Nicht wirklich). „Sind Sie zeitgemäß?" (Resultat: Willkommen im Jahr 1952!) oder „Verstehen Sie Frauen?" Man hat zwei Töchter, zwei weibliche Haustiere und dennoch. Wer kann darauf „Ja" sagen? Ich verstehe nicht mal meinen Hund. Dafür verstehe ich den ultimativen Macho-Test in einem Zeitgeist-Magazin. „Mann oder Maus?" heißt das Ding, nach dessen Ausfüllen man weiß, ob man ein echter Typ ist oder ein Weißbrot. Testpunkt vier: „Sie können in mindestens fünf Sprachen ein Bier bestellen?" Eine meiner leichtesten Übungen. Drei Punkte. Nächste Frage: „Sie hatten eine Wunde, die genäht werden musste?" Eine? Man hat 13 Jahre lang den Vorstopper in der untersten Allgäufußballliga gegeben – ein Punkt. Punkt elf: „Sie fahren mit dem Kickboard ins Büro?" Vorher eher mit dem Dreirad und das ist auch gut so, denn ein

„Ja" darauf hätte fünf Minuspunkte eingebracht, ebenso wie das „Ja" bei Frage 19 („Sie haben FDP gewählt"). Bei Nummer 17 wird's ernst: „Sie haben mit ihren Händen etwas hergestellt, das nicht peinlich ist." Drei Punkte Abzug. Dafür sind Nummer 13 („Sie haben eine Frau zum Weinen gebracht") und 26 („Sie hatten schon einmal schulterlanges Haar") Selbstläufer. Testpunkt 86 „Sie tanzen, ohne Ihre Partnerin zu beschämen" bringt einem allerdings wieder saubere Minuspunkte ein, weil man wahrheitsgemäß das „Nein" angekreuzt hat. Ist man jetzt ein Kerl oder so ein domestiziertes Männchen, das sämtliche Körperhaare epiliert und sich morgens Antifaltencreme ins Gesicht reibt? „Ziemlich gut" kommt als Testergebnis heraus. „Lernen Sie reiten und Witze erzählen, dann können Sie vielleicht eine Kategorie höher rutschen." Das ist der exakte Mittelwert, immerhin hat man Kategorie fünf („Sind Sie vielleicht sehr jung? Oder eine Frau?") umschifft. Aber Mittelwert wirkt aufs Selbstwertgefühl oberschwach. Kein echter Kerl? Nur ein Mediummann? Warum? Die Antwort liegt auf der Hand: Richtige Kerle machen keine Tests.

Mutti war schön

Mutti war eine schöne Frau. Sie trug sonntags zum Kostüm große Hüte und dazu passende Handschuhe, und Vati war stolz auf sie und hat alles mit ihr zusammen gemacht. Beinahe alles. Wenn Mutti einen neuen Hut brauchte oder ein neues Kleid, und die ganze Familie im VW-Käfer in die nächste große Stadt gefahren ist, dann hat Vati immer geschäftliche Termine gehabt oder Bauchweh oder einen Treff mit einem alten Schulfreund, weshalb er Mutti leider, leider nicht begleiten konnte. „Nimm' doch die Kleinen mit", hat er dann immer freundlich gesagt, und mein Bruder hat sofort protestiert, weil er fünf Jahre älter war und kein Kleiner mehr. Und so hat Mutti eben nur mich an die Hand genommen und durch die Modegeschäfte mitgenommen. Kleine Brüder ziehen immer den Schwarzen Peter. Vor den Umkleidekabinen standen Stühle, auf denen Männer gesessen sind, deren Frauen auch neue Kleider gesucht haben. Die Männer haben Gesichter gemacht wie im Zahnarzt-Wartezimmer, und ich hätte nie gedacht, wie schwierig Einkaufen ist. Mutti hat nämlich immer mindestens vier Geschäfte gebraucht und pro Laden fünf Kleider, bis sie das Passende gefunden hatte. Das hat lange gedauert und die Stühle waren überall sehr hart, aber dafür hat man durch die Umkleidekabinentücher fremde Frauen sehen können, wie sie in Unterwäsche und Strapsen von einem Kleid ins andere gestiegen sind. Das war interessanter als daheim das Dienstmädchen im Nachthemd anzugucken. Und wenn ich das meinem Bruder erzählt habe, ist er ganz grün geworden im Gesicht vor Ärger, und außerdem hat Mutti am Schluss mir immer Zitroneneis spendiert, weil ich so geduldig gewesen bin, und Vati hat gegrinst, seinen Geldbeutel herausgezogen, mir 70 Pfennig für die „Fuzzy"-Vorstellung im Kino gegeben, die Haare verstrubbelt und grinsend gesagt: „Bleib' so, mein Bub!" Vater war ein weiser Mann. Aber sein Bub ist als Erwachsener natürlich nicht so geblieben, vor allem nicht so geduldig. Klamotten-Einkaufen kommt in seiner persönlichen Hass-Hitliste gleich hinter einer Niederlage des Lieblings-Fußballvereins und Ursula Engelen-Keefer. Mann hat sich arrangiert und geht, wenn die Gattin auf dem Modepfad ist, meist seine eigenen Wege. Manchmal läuft er dann in der Damenmodenabteilung eines Kaufhauses an den Umkleidekabinen vorbei und grinst sich eins. Die harten Stühle sind bequemen Sesseln gewichen, aber die Gesichter der dort sitzenden Männer sehen immer noch so aus, als ob der Zahnarzt gleich zum Bohrer greift. Zum Lesen liegen Mode-Hochglanzmagazine aus, die kein Mann freiwillig anlangt, und die Verkäuferinnen reichen Prosecco statt Bier. Und wenn die Kabinenvorhänge mal wehen, sieht man Frauen in Strumpfhosen. Es war früher wirklich vieles besser. Vor allem Muttis großer Hüte und des Zitroneneis' wegen.

Auto als Symbol

Die Autos waren nigelnagelneu und blitzsauber. Das Ambiente edel. Der Imbiss gediegen. Der Sekt kalt. Und die Ansprache philosophisch: „Autos sind ein Kosmos für sich", sagte der Werbechef eines Automobilkonzerns, machte eine bedeutungsschwere Pause sowie ein tiefgründiges Gesicht. Die Zuhörer nickten – mit sich und dem Kosmos eins. „Wir leben alle unter dem gleichen Himmel – aber wir haben nicht alle den gleichen Horizont", hat einmal Konrad Adenauer gesagt, der nicht nur ein alter Großer war, sondern manchmal auch ein Weiser. Wir haben auch nicht alle denselben Geschmack – auf jeden Fall nicht automobilistisch, was nicht immer nur mit dem Geldbeutel zu tun hat. Jedesmal, wenn man in den zurückliegenden 26 Jahren das alte Auto verkauft und sich ein neues angeschafft hat, raunten Vater und Mutter ehrfürchtig im Chor: „Wie schön der ist." Pause. „Und wie sauber." Drei zuerst kleine, dann heranwachsende Kinder haben das mit dem sauber dann ziemlich schnell relativiert. Brösel aus ein paar Hundert Bretzeln, angelutschte Gummibärchen und dann und wann ein heruntergelaufenes Speiseeis haben noch jedes zuvor blitzblanke Gefährt irgendwann zum motorisierten Grabbeltisch mutieren lassen. Elternsein macht schicksalsergeben. Außerdem hat der väterliche Fahrer in seiner Studentenzeit gelernt, dass ein Auto alles andere als ein Symbol der Vollkommenheit sein muss, was man von 500-Mark-Gebrauchtfahrzeugen vielleicht auch nicht verlangen sollte. Unvergessen jene Phase, als in München der Anlasser seinen Geist aufgab, weshalb man das Mobil des abends immer oben auf einer kleinen Steigung abstellte, wo man es dann mit Schwung losrollen lassen konnte, bis der Motor ansprang. Nach der Uni gab's hilfreich anschiebende Kommilitonen und schließlich hat man per Telefon auf einem Autoverwertungshof, man könnte auch Schrottplatz dazu sagen, einen gebrauchten Anlasser aufgetrieben. Schön. Unschön bloß, dass man auf der Fahrt zum neuen Anlasser mitten in Schwabing an einer Ampel den Motor abwürgte. Auch das hat man überlebt. Die Autos sind inzwischen stabiler geworden, sauberer nicht. Spätestens dann, als zu den Kindern auch noch ein großer Hund mit langen Haaren kam, hat man unverkrampfter über klinische Reinheit gedacht. Eine Hundehütte mit vier Rädern hat schließlich auch nicht jeder. Demnächst steht wieder mal ein Autokauf an. Staunend wird man vor der blitzenden Karosse stehen. „So muss es bleiben", werden Vater und Mutter im Chor sagen. Ein Blick auf den Hund, dem schon wieder ein Pfund nasse Muttererde in den langen Zotteln hängt, genügt um zu wissen: Wolkenkuckucksheim. Es ist ganz simpel: Wir fahren alle unter dem gleichen Himmel – aber wir haben nicht alle den gleich sauberen Kosmos.

Männer sind cool

Eigentlich kann einen ja nichts mehr erschüttern. Die große Tochter wünscht sich von der Patentante eine Brustvergrößerung. Der mittlere Sohn benötigt dringend ein Tattoo, und die kleine Tochter wünscht sich zur Firmung gar nichts außer einem Piercing – netterweise lässt sie den Eltern noch die Wahl offen, ob das Metall am Ohr oder am Kinn platziert werden soll. Variante III („Durch die Nase, damit man dich, wenn du schon wie ein Rindvieh aussiehst, auch wie ein solches an der Leine führen kann."/Papa) findet kein Gehör. Wie gesagt: Der mittelschwere Horror gehört zum Familienalltag. Man gewöhnt sich an allem. Außer am Dativ und potenzielle Schwiegersöhne. Dass es junge Männer gibt, die vor gar nichts eine Achtung haben und sogar die seriöse Tochter einer seriösen Familie umschäkern, damit hat man sich notgedrungen arrangiert. Dass der auserwählte junge Mann eine Frisur hat, für deren Arrangement er – nach fachkundigem Blick von Tochter II – „mindestens eine halbe Stunde im Bad braucht", auch irgendwie. Aber spätestens seit Tochter I kund und zu wissen tat, dass sich der Lebensgefährte Brust-, Bein- und Armhaare abrasiert (immer) und (des Sommers) als Schuhwerk Flipflops trägt, gerät man ins Grübeln. Flipflops sind jene Sandalen-ähnlichen, am großen Zeh aufgehängten Fußunterlagen, die man vielleicht noch bei Paris Hilton oder Uschi Glas ertragen könnte, wenn man Fräulein Hilton oder Frau Glas ertragen könnte. Man kann es nicht. Wahre Männer tragen nämlich keine Flipflops. Wahre Männer müssen größere Füße als Frauen haben, mehr wiegen und an Armen und Beinen behaarter sein als sie. Alles andere, so eine sachkundige Kollegin, „ist erniedrigend. Für beide." Klar. Klar ist auch, dass richtige Kerle keine lustige Unterwäsche tragen. Genau genommen interessieren sich Männer, die diesen Namen verdienen, überhaupt nicht für die eigene Unterwäsche. Nur für „ihre". Aber das ist wieder eine ganz andere Geschichte. Wahre Männer reden nicht viel, vertragen dafür umso besser viel Flüssiges. Eine Frau, die ihren Begleiter nach einem Biergartenbesuch heimbringen muss, ist eine Frau mit einem Problem. Fazit: Männer, – falls potenzielle Schwiegersöhne überhaupt in diese Kategorie aufgenommen werden können – wahre Männer sind cool. So cool wie Clint Eastwood, Charles Bronson und Henry Fonda zusammen. Schweigsam. Kälte im Blick. Alles im Griff. Und an den Füßen? Adiletten. Die trägt auch Berti Vogts. Der ist der Coolste von allen. Bloß in zwei Jobs nicht. Fußball-Bundestrainer. Und Schwiegersohn.

Lesefieber

Das Schönste am Urlaub ist die Vorfreude. Okay, drei Euro ins Phrasenschwein, stimmt aber trotzdem. Allerdings wird besagte Vorfreude dadurch leicht getrübt, dass zirka vier Wochen vor dem Abflug diverse lieb gewordene Kleidungsstücke verschwinden: Die schwarzen, bequemen T-Shirts. Leinenhemden. Und die Lieblings-Unterwäsche ist auch perdu. Genau genommen ist sie nicht perdu, sondern liegt schon im Koffer, den die Gattin mit bewundernswerter Voraussicht packt. Perfekte Organisation ist alles. Zur Vorbereitung gehört auch das exakte Zusammenstellen der Reiselektüre. Taschenbücher sollten es sein, des Gewichts wegen. Und möglichst viele, weil man ja doch nicht bloß olle Tempel und fremde Tiere gucken will, sondern auch entspannen. Blöderweise sind die meisten interessanten Bücher, die man auf seiner Liste hat, schwere Hardcover-Bände. Gut in diesem Fall, dass es eine große Tochter gibt, die das Lesefieber geerbt hat und dem Erzeuger mit Rat und Tat zur Seite steht: „Nimm doch ein paar Frauenbücher mit, Papa!" Frauenbücher! Über den Gehirnmonitor flimmern Namen wie Gaby Hauptmann und Hera Lind, und man erinnert sich an den letzten Urlaub, als eine eigentlich ganz nette Dame sagte: „Ich habe alle Bücher von Gaby Hauptmann gelesen." Okay, im Fall eines mittelschweren Offizialdelikts kriegt man mit diesem Geständnis vor Gericht sicherlich mildernde Umstände, aber ansonsten? Eine Journalistin hat mal gesagt, dass Frau Hauptmann so schreibt, wie sie aussieht, aber das war wohl eher Stutenbeißen. Von Hera Lind hat man „Superweib" im Film gesehen – mit Veronica Ferres als Verschärfung – und weil man

Klatschblätter liest, weiß man jetzt, dass Frau Lind so schreibt, wie ihr Ehemann aussieht. „Nee, Papa!" Die Große wurde missverstanden und schleppt eine mittlere Wagenladung von Kriminalromanen weiblicher Autoren an. Aus irgendeinem unerforschlichen Grund sind Gerichtsmedizinerinnen seit geraumer Zeit der absolute Hit als Krimi-Hauptpersonen. Die Namen wechseln, die Handlung bleibt immer dieselbe. Irgendwelche bedauernswerte Zeitgenossen wurden von irgendwelchen bösartigen Mitmenschen auf höchst unappetitliche Weise ins Jenseits befördert, und die Heldinnen des jeweiligen Buches mühen sich eifrig, aus verkohlten Knochen, schwabbeligen Geweberesten und weiteren menschlichen Verwesungsprodukten, deren genaue Beschreibung der Anstand und die Richtlinie der „Schwäbischen Zeitung" verbieten, den Täter zu ermitteln. Will man das alles im Urlaub so genau wissen? Will man nicht. Bald geht's los. Die Bücherfrage bleibt offen. Also doch Gaby Hauptmann? „Da gibt's einen geilen Autor", sagt ein Freund. Der hat Bücher mit Titeln wie „Vollidiot" und „Resturlaub" geschrieben. Passt beides prima. Der Urlaub kann kommen.

Sinn der Erziehung

„Es hat keinen Sinn, Kinder zu erziehen – sie machen uns doch alles nach!" Der Vater dreier Leibesfrüchte steht vor dem Ständer mit Juxpostkarten und denkt schmunzelnd: Manchmal haben auch Berufsblödler Recht. Mit Einschränkungen. Kinder machen nämlich nicht alles nach, sondern im Zweifelsfall alles anders. „Musst du dir anhören", sagt Junior und schiebt in den Auto-CD-Player eine Scheibe ein, die höllische Geräusche und stotternde Laute ertönen lässt. „Du weißt doch, dass ich Rap, diesen …" (es folgt ein pädagogisch sehr unkorrektes Wort, das mit „Sch" anfängt) „… absolut nicht ab kann." „Aber das ist augenblicklich total angesagt. Sorry Papa, aber du bist hoffnungslos altmodisch!" Nun ja. Kurze Zeit später sieht man der Ehefrau beim Wäschesortieren zu und staunt, als sie kleine Stoffvierecke zusammenfaltet. „Wer bei uns in der Familie benutzt noch Stofftaschentücher? Das ist mir ja ganz neu." Mutter hebt eines der Textilteile mit spitzen Fingern in die Luft, fixiert das klitzekleine Stück und sagt in mitleidigem Ton: „Das ist die Unterwäsche deiner Tochter. Und diese Stücke sind noch heilig …" Vater möchte gar nicht wissen, wie die unheiligen Dessous aussehen. Stattdessen versucht er seiner Tochter in einem längeren Gespräch die Vorzüge baumwollener Leibwäsche in überlieferter Ausführung, zumal für die nun anstehende kalte Jahreszeit nahe zu bringen. Genauso gut hätte man seinem Hund die Vorzüge der Gesundheitsreform erklären können. Töchterchen guckt leicht mitleidig und sagt nur: „Papa, das tragen heute alle." „Ja, sehe ich in den Fußgängerzonen, wenn sich Damen bücken und ich Einblicke auf String-Fäden und Arschgeweihe bekomme, die ich nie im Leben erhalten wollte." „Papa, da bist du altmodisch!" Yesterday-Man schickt sich in seine Vorgestrigkeit. Man müht sich ja, mit der Zeit zu gehen. Um auf der Höhe zu sein, hat man sich neben dem normalen Telefon ein schnurloses angeschafft. Weil die Kleine beim Schnurtelefon eine Rufumleitung auf ihr Handy installiert und beim Versuch, dies rückgängig zu machen, das Ding völlig geliefert hat, besitzt man nur noch das schnurlose. Leider Gottes liegt das, wenn ein Anruf kommt, entweder im Gartenhaus oder im Keller oder auf der Veranda. Da kommt ein Gebrauchtapparat mit Anrufbeantworter gerade günstig. Allerdings läuft auf dem Anrufbeantworter blöderweise noch die Ansage des Vorbesitzers, weshalb meine Anrufer völlig verwirrt alle Kontaktversuche abbrechen. Nach dem Versuch, das Ding umzuprogrammieren, ist es völlig verstummt. Anruf bei Junior: „Ich hab' da ein technisches Problem. Wenn du am Wochenende kommst." „Null problemo, Papa." Das Wort „altmodisch" ist übrigens dabei kein einziges Mal gefallen. Der Junge hat Takt. Es hat doch Sinn, Kinder zu erziehen.

Strickender Sohn

Es wird nie so viel gelogen wie bei Begräbnisansprachen und Lobreden angesichts runder Geburtstage. Insofern hatte sich der Jubilar mit der doppelten Portion der herkömmlichen Menge Skepsis und Zynismus gewappnet, als diverse verbale Schmeicheleinheiten verabreicht wurden. Doch als die große Tochter eine Karte mit dem Text „Wir hoffen, dass du nicht bereust, dich für drei Kinder und nicht für einen schwarzen Porsche entschieden zu haben", war man doch überrascht. „Der Porsche käme doch längst schon nicht mehr durch den TÜV", konterte Vater gerührt und vergaß mal flugs, dass er für den finanziellen Aufwand der Kinderaufzucht sich viele Exemplare seines Jugendtraums hätte leisten können. Aber es wäre einem viel entgangen. Die durchwachten Nächte der frühen Kinderjahre sind längst im Orkus seligen Vergessens versunken. Die Irrungen und Wirrungen der jeweiligen Pubertätskrisen auch. Die Nervenkrisen verhauener Klassenarbeiten hat man ebenso verdaut wie tränenfeuchte Liebeskummer-Phasen. Was bleibt sind stetige Überraschungen. Kein kinderloser Mitmensch kann sich vorstellen, welche Menge an Kleidern im Zimmer einer 19-Jährigen Platz haben, beziehungsweise wie es aussieht, wenn diese unvorstellbare Menge in einem unvorstellbaren Durcheinander auf dem Fußboden liegt. Chaos muss dagegen Hort penibler Ordnung sein. Ebenso verblüffend ist die Entdeckung, wie viel Geld ein eigentlich vernunftbegabter Mensch in wie viele Handtaschen investieren kann – im Guinness-Buch der Handtaschen-Kauf-Rekorde ist der großen Tochter ein Platz unter den ersten Drei garantiert sicher. Noch verblüffender ist die Wandlungsfähigkeit des mittelgeborenen Sohnes, der in Schottenrock und mit Trinkhorn bewaffnet zu Hardrockkonzerten pilgert, im Berufsleben dagegen eine akribische Akkuratesse an den Tag legt und auch ansonsten seltsame Dinge auf Lager hat. „Was machst du gerade?", fragt Vater kürzlich per Handy. „Ich stricke!" Lange Pause. „Du tust waaaas?" „Ich stricke. Meine Freundin strickt und ich tue es auch. Hab' ich schließlich im Handarbeitsunterricht lernen müssen." Ein strickender Sohn! Die schlimmsten Befürchtungen keimen auf. Hat man einen Softie großgezogen? Ein Weichei? Einen warm duschenden Schattenparker? „Sei still!", sagt die Gattin streng, „du bist altmodisch." Argwöhnisch wartet man aufs nächste Wochenende, an welchem der Softie heimkommt. Er verschwindet in seinem Kabuff, wo er im Kreis seiner Kumpel und einem Kasten Bier auf dem Boden engagiert fernguckt – Fußball. „Du siehst so zufrieden aus", sagt die jüngste Tochter, als man ins Wohnzimmer zurückkommt. „Warum?" „Befürchtungen widerlegt. Er ist doch ein Mann." Zu viele Überraschungen wären doch zu viel des Guten.

Kochheilkur

„Iss nie mehr, als du tragen kannst" – Nein, das stammt nicht von Ottfried Fischer, das sagt Miss Piggy. Die korpulente Hauptdarstellerin der Muppets-Show betrachtet Essen lediglich als Nahrungsmittelaufnahme, wohingegen die ewig attraktive Sophia Loren („Alles, was Sie hier sehen, verdanke ich Spaghetti.") Speisen als Schönheitsmittel ansieht. Beim Thema Essen teilen sich die Meinungen. Das hat man schon gemerkt, als man einst eherne Erziehungsgrundsätze („Was auf dem Teller ist, wird gegessen.") flugs über Bord warf, als Junior den ungeliebten Rosenkohl flächendeckend auf dem Mittagstisch verteilte – in halb verdautem Zustand. Junior, inzwischen längst volljährig, ernährt sich seitdem rosenkohllos. Die Eltern im nahezu kinderlosen Haushalt haben sich größtenteils auf einfachere Formen des Zweiermittagstischs geeinigt. Zwar sind Mutters Suppen nach wie vor unübertrefflich, doch auch der Kartoffelsalat vom Heimmetzger mit Fleischküchle gilt als probates Rezept, und wenn's pressiert sind Leberkäswecken kein Fehlgriff. In den Augen der Tochter ist das Sättigungsbeilage. Weshalb sie, begeisterte TV-Konsumentin von Promi-Dinners im Fernseher, bei einem ihrer Besuche auch sofort das Regiment in der Küche an sich reißt. Als Mittagessen gibt es das VIP-Dinner von vergangener Woche, weshalb eine Menge Zeit und ebenso viel Geld für den Einkauf eingeplant werden sollte. Und fürs Kochen. Als man zum Mittagessen kommt, steht die Älteste immer noch völlig gestresst am Herd: „Hab' mich völlig verplant." Gott sei Dank nur terminlich. Das Essen schmeckt vorzüglich, allerdings sieht die Küche aus, als hätten 15 Köchinnen für eine ganze Kompanie gekocht. Warum brauchen Frauen für ein Drei-Gänge-Menü 30 Töpfe, Kasserollen, Schalen und sonstige Behältnisse, ganz zu schweigen von klebrigen Teigschüsseln, zuckerüberkrusteten Waagen und zerkerbten Schneidebrettchen? „Es gibt Menschen, die versuchen ein Leben lang, Frauen zu verstehen. Andere geben sich mit Einfacherem zufrieden und beschäftigen sich mit Einsteins Relativitätstheorie", hat mal ein gescheiter Mann gesagt. Es muss sich um einen Frauenkenner gehandelt haben, der ab und zu durch die Küche schweifte. Was machen väterliche Frauenkenner? Beruhigen mit Mutters Hilfe die Tochter und packen beim Abwasch hurtig mit an, weshalb nach rund drei Stunden Vorbereitung, zwanzig Minuten Speisen und einer Stunde Spülen die Küche wieder küchenähnlich aussieht. „Es war gut, Eva!", lobt man die Erstgeborene. Was auch stimmt.

Aber vielleicht sollte Sie sich – nerven- und zeitschonend – an Sophias Spaghetti-Rat erinnern. Und was Vater angeht: Kartoffelsalat und Leberkäswecken bleiben einem Allgäuer Schwaben zeitlebens ein veritabler Wohlgenuss. Nicht gerade so viel, Miss Piggy, wie man tragen, aber immer so viel, wie man essen kann.

50 plus

Sommer ist schön. Sieht man mal davon ab, dass da immer der Rasen gemäht werden muss, hat die warme Jahreszeit nur schöne Seiten. Es ist lange hell. Man kann zum Baden gehen. Und im Schrank haben nur noch leichte Sommersachen Konjunktur. Das kann überaus ansehnlich wirken. Kann. Dummerweise betrachtet die Mehrzahl meiner Geschlechtsgenossen Shorts, wahlweise abgeschnittene Jeans, als Hauptbestandteil der Sommergarderobe. Abgeschnittene Jeans, Sandalen und braune Socken gehen vielleicht noch in Meckpomm, ansonsten höchstens noch am Rosenmontag. Aber auch anderes kurzes Hosenwerk wirkt ab einem bestimmten Alter, also so jenseits der 25, lächerlich. Manni trägt ganz kurze, karierte Shorts, Socken, die erst unter der Kniescheibe aufhören und blank gewienerte Halbschuhe. Kritik prallt an ihm ab. „Lange Hosen kann ich noch tragen, wenn ich alt bin." Manni ist 50. Alt fühlt er sich demnach nicht. Alt fühlt sich nämlich keiner. Spätestens seit die Werbung entdeckt hat, dass Menschen jenseits der 35 auch noch andere Dinge kaufen als Haftcreme für die dritten Zähne, Kreislauftropfen und Treppenlifte ist das Wort „alt" aus dem öffentlichen Sprachgebrauch verschwunden. Selbst der „Seniorenteller" steht auf der Roten Liste der gefährdeten Wortarten, „Silver Generation" heißt das heute oder „Generation 50 plus." „Manni, du bist 50 plus." „Ich bin nicht alt." Kürzlich war große Fete: gute Musik, junge Mädchen, Ringelpietz mit Anfassen und alles endete in einer Disco. Manni ist danach alleine heimgegangen und war am nächsten Tag ziemlich still. Die Frage „Wie ist's gelaufen?" verhallte ungehört. Wahrscheinlich machte er jene Erfahrung, die kürzlich ein jüngerer Kollege treffend beschrieben hat: „In den Augen der Tänzerinnen, an die ich mich herangepirscht hatte, blinkten Fragen auf: Ist der vom Jugendamt? Kenne ich den von Aktenzeichen XY? Wird der gleich kollabieren?" Manni ist nicht kollabiert. Aber ein bisschen nachgedacht hat er schon. Man sollte sich mit seinen Jahren arrangieren. Es hat nicht jeder solch eine intellektuell tiefergelegte Selbsterkenntnis wie der Berliner Playboy Rolf Eden, der mit gefühlten 88 noch mit jungen Blonden und nie versiegender Potenz prahlt. Flavio Briatore, der steinreiche Formel-1-Zampano, hat eine Wampe, graue Haare, geschmacklosen Goldschmuck und eine 30 Jahre jüngere Ehefrau. Und Lothar Matthäus hat sein Beuteschema aber ohnehin auf junge Mädels im Schulalter konzentriert. „Die dürfen doch auch alles, was sie wollen", sagt Manni nach der Diskussion. Entgegnung: Die haben Geld und einen Promistatus. Und meistens lange Hosen an. Seitdem trägt Manni lang. Es wird wohl nicht viel helfen. Aber so wirken seine vergeblichen Verjüngungsversuche würdiger.

Mann und Mensa

„Ich mach' einen Bärlauchsalat!", kräht fröhlich die jüngste Tochter. „Mit dem bittren Zeug kannst du Bären füttern, aber verschon' mich", knurrt Vater. „Ich hab' dir ein paar ganz modische Sachen eingekauft", kündigt die Große an. „Brauch' ich nicht!" Einstimmiger Töchterchor: „Sei doch nicht so altmodisch, Papa!" Papa ist gar nicht altmodisch. Beim Blick auf die Buch-Bestsellerlisten hat er zwischen Tintenherzen, Feuchtgebieten und „Biss"-Bänden sogar drei Bücher gefunden, die selbst er schon gelesen hat. Von den aktuellen Kinofilmen kennt er auch zwei. Nur die Musik-Charts bleiben ein Buch mit sieben Siegeln – außer der neuesten CD von Chris de Burgh. Wer aber dessen alte Lieder kennt, der weiß auch, dass es manchmal sehr gut tut, nicht auf der Höhe der Zeit zu sein. Ich bin auf der Höhe der Zeit. Spätestens seit der Studie „Männer in Bewegung", die kirchliche Männergruppen zusammen mit Ursula von der Leyen vorgestellt haben, ist sicher: Ich bin zeitgeistig, mindestens so wie die Familien-Uschi. Edel sei der Mann, geistig statt körperlich interessiert und gut sowieso, bewegt hin zu seinem besseren Ich. Alles im Sinn von Alice Schwarzer: „Wer Mensch werden will, muss den Mann überwinden!" Hab' ich. Auf vielfachen Vorschlag hat der Chronist alle männlichen Vorurteile beiseite geschoben und zugestimmt, eine Körperwanderung mitzumachen. Nicht, dass man Körperwanderungen nicht mag: Bei sonnigem Wetter, mit Kumpels, einem Leiterwagen und einem Fässle Bier kann so ein wandernder Körper ganz schön Spaß machen. So war das aber nicht gemeint. Die Dame, die in ihrem Wohnzimmer aufs Sofa bat und eine wohlriechende Kerze entzündete, hatte eher Esoterisches im Sinn. „Entspannen Sie sich und spüren sie, wie Sie von den Füßen aufwärts in ihrem Körper hochwandern", sagte sie leise. Dass ich bei fremden Damen auf fremden Sofas liegend nur sehr eingeschränkt entspanne, ist nicht das Problem der Dame. „Denken Sie an gar nichts. Sie werden ganz warm. Lassen Sie los." Warm? Kalt wird mir, eiskalt, wenn ich daran denke, wie lange das noch so weitergehen soll. Und was das kostet! Was könnte man sich für die 40 Euro alles leisten! Sachte versucht man, das linke Handgelenk so herumzudrehen, dass die Armbanduhr unauffällig abgelesen werden kann. Unauffällig geht nicht. „Nicht bewegen. Ganz ruhig. Ganz entspannt. Eine große Ruhe kommt jetzt über Sie." Eine große Unruhe kommt über den Sofagast. Was soll das alles? Woher komme ich? Wohin gehe ich? Zwei Existenzfragen bleiben offen. Nummer drei ist klar: Wohin gehe ich? Heim! „Aber Sie haben noch über eine halbe Stunde!" „Danke, es reicht schon." Womit die Körperwanderung doch ein beglückendes Moment hat: Den Weg hinaus. Papa bleibt altmodisch: der unbewegte Mann.

Rechnen tut not

Es war immer das gleiche Ritual. Wenn Sohnemann mit einer Fünf in Mathe (wahlweise auch: in Latein, Physik oder Französisch) vom Gymnasium heimkam und die Klassenarbeit vom Vater unterschreiben lassen musste, setzte es zuerst ein mehrtägiges Fußballverbot und danach eine gehörige Gardinenpredigt, die stets mit einem düsteren Ausblick in die berufliche Zukunft des Sprösslings endete: Straßenfeger, Steinklopfer oder Schuster. Dass der Getadelte das ehrenwerte Handwerk des nebenan wohnenden Schusters als gar nicht so übel einschätzte, verdoppelte noch den väterlichen Zorn. Trotz einer finalen Mathe-Fünf im Abi hat es dann doch nicht zum Schuster gereicht, sondern zu einem Beruf, in welchem man nur mit Worten hantieren muss. Das fügte sich fein. Weniger fein fügte sich, dass sich der Beruf des Journalisten im Imagepegel der Allgemeinheit stets ganz unten wiederfand, irgendwo zwischen Hütchenspieler und Mädchenhändler. Nur das Gewerbe der Gastronomen war stets noch hinter der Journaille angesiedelt, was erklärt, weshalb Wirte und Wortakrobaten gar oft und gar inniglich eine symbiotische Verbindung eingehen. Ein Sportvereinskumpel pflegte dies am Tresen stets mit dem Spruch „Wer nix wird, wird Wirt" zu kommentieren, was der wackere Beherrscher des Zapfhahns stets mit einem prompten „Und ist ihm dieses nicht gelungen, so reist er in Versicherungen", konterte. Eins war auf jeden Fall klar: Schankmeister und Schreiberling besaßen wenig Ansehen. Die Erzählform der Vergangenheit ist mit Bedacht gewählt, was nicht nur damit zusammenhängt, dass heute jeder Mensch, der unfallfrei eine Pfanne halten kann, eine

Brutzel-Show im Fernsehen erhält, und der Beruf des Kochs gleich nach Papst und Dalai Lama kommt. Nach einer aktuellen Umfrage des Meinungsforschungsinstituts Forsa hat sich die Hierarchie der Job-Images grundlegend gewandelt. Ganz oben (91 Prozent) stehen die Feuerwehrmänner vor den Krankenpflegern – kein Einwand. Rang drei (Pilot), vier (Arzt) und fünf (Richter) kann man auch noch nachvollziehen, aber dass das Gewerbe des Müllmanns als Achter vor jenem des Lehrers (neun), Anwalts (zehn) und Journalisten (zwölf) rangiert, irritiert leicht. Dass Politiker (18) noch wesentlich weiter hinten positioniert sind, versöhnt dann schon wieder etwas – nur nicht die Telekom-Mitarbeiter (Vorletzter) und Versicherungsvertreter (eins dahinter). Leider vermisst der geneigte Leser dieser Image-Rangliste das Gewerbe des Investment-Bankers – aber wahrscheinlich hätte dies die nach unten hin offene Skala der schlecht beleumundeten Berufe gesprengt. Wenn Vater das geahnt hätte, hätte er einem sicher – neben dem Straßenfeger – auch noch mit dem Beruf des Investmentbankers gedroht. Hätte gepasst. Die sind nämlich offensichtlich genauso schlecht im Rechnen wie Journalisten.

Powerfrauen

Für Emanzen ist es ein alter Hut. Doch seit selbst neutrale Schuluntersuchungen festgestellt haben, dass Jungs gegenüber den Mädels ins Hintertreffen geraten sind, steht fest: Männer sind das schwache Geschlecht. Das ist nicht schön. Ganz besonders unschön wird es, wenn einem in Wort, Bild und Ton das Unwesen starker Frauen demonstriert wird. Bei aller Aufgeschlossenheit und Toleranz: Es gibt Personen, auf deren Anblick die Gallenblase mit erhöhter Aktivität reagiert. Das fängt bei Claudia Effenberg an und hört bei deren Angetrautem Stefan noch lange nicht auf. Claudia Effenberg sieht sich als „Powerfrau", was sich vor allem dadurch mächtig ausdrückt, dass sie ihre diversen Tattoos einer unschuldigen Öffentlichkeit ebenso demonstrativ vorführt wie ihr liebes Leben mit Stefan E. Letzterer war als Kicker ein ziemlich böser Finger. Nach Betrachten diverser TV-Berichte über das Zusammenleben von Claudia und Stefan stellt man befriedigt fest: Das Leben ist gerecht. Es rächt sich alles. Für die gerechte Austarierung von Gut und Böse sind naturgemäß Powerfrauen da. Im Film oder in TV-Serien schmeißen weibliche Wesen in angesagten Hosenanzügen den Laden (nein, Angela Merkel ist hier nicht gemeint), haben zu Hause drei Kinder, die später mindestens auf Physiknobelpreisträger studieren und führen nebenbei natürlich ein Eheleben, dass es nur so wuppt. Die Buchautorin Hera Lind, die alle diese Kriterien erfüllt, hat bezeichnenderweise ein Buch mit dem Titel „Superweib" geschrieben. Allerdings hat Frau Lind ihr Geld unsuper angelegt – und das noch vor der Bankenkrise. Deshalb muss sie weiterschreiben – ungehemmt, wie ihre Powerschwester im Geiste, die Gaby Hauptmann heißt und Bücher veröffentlicht, nach deren Lektüre man Reich-Ranicki gerne widersprechen würde. Motto: „Manche Bücher sind noch schlimmer als Fernsehen." Es geht immer noch schrecklicher. Was uns bei jedem Auftritt Veronica Ferres schmerzlichst vor Augen geführt wird. Ferres, die tränenfeuchte mater dolorosa des belebten Tonbildes, prangert aktuell nach Hakenkreuz-Horror und Stasi-Schikane auch den Ton-Terror an. Mit militärisch genutzten Unterwasserbojen, die durch Tieffrequenztöne U-Boote orten sollen, werden in den Weltmeeren die Wale vernichtet, zumindestens vertrieben. Die Erfindung einer Boje, mit welcher man Frau Ferres vom Bildschirm vertreiben könnte, wäre dem Schreiber dieser Zeilen einiges wert. Der Dichter Erich Kästner hat vor vielen Jahren bei Betrachtung der Powerfrau-Vorgängerinnen den unfrommen Wunsch in Reime gegossen, diese auf unorthodoxe Art und Weise zum Schweigen zu bringen („Sogenannte Klassefrauen"). Kästner war ein Weiser, aber auch er hat irgendwann vor dem Wesen Weib resigniert. Womit der finale Beweis erbracht wäre: Wir Männer sind tatsächlich das schwache Geschlecht.

Papa ist dumm

Zugegeben: Männer könnten kommunikativer sein, mitteilsamer, gesprächiger. Wenn der Gatte den ganzen Tag außer Haus ist, hat die Gattin beim Nachhause Kommen Gesprächsbedarf: Wie war's im Geschäft? Wie findet er das neue Arrangement im Garten? Der Bau in der Nachbarschaft geht weiter – alles interessant, oder um's im aktuellen Sprachgebrauch zu sagen „breaking news". Blöd bloß, wenn der Gatte müde und mitteilungsarm antwortet: „Ich will jetzt bloß noch ein bisschen fernsehen." TV-Gucken ist, nicht nur seit es das Schimpfwort „Unterschichtenfernsehen" gibt, nicht so ganz das Gelbe vom Ei. Okay, sollte der Heimgekommene auf „arte" einen Themenabend über die Rolle des Todes im französischen Drama des Mittelalters gucken wollen, könnte er sich des Wohlwollens seiner Partnerin noch einigermaßen sicher sein. Aber wer guckt schon „arte" nach der Arbeit? Abends um zehn kommt bei den privaten Sendern mit Sicherheit irgendwo ein knallharter Actionstreifen nach dem Motto: Je knaller, desto bäng! Bruce Willis und seine diesbezüglichen, zugegeben dramaturgisch eher simplen Streifen stehen in der persönlichen Hitparade des Heimkehrers ganz oben. Auch Clint Eastwood („Dirty Harry", nicht „Brücken am Fluss"!) gilt als guter Tipp und im Zweifelsfall sieht man sich auch Rocky Rambo Stallone immer wieder gerne an. „Wieso schaust du so einen Mist?" „Das ist entspannend." Verhaltensforscher haben herausgefunden, dass wir Maskulinen gar nichts dafür können. Solch ein Verhalten ist genetisch angelegt. Schon unsere Urururahnen sind nach getanem Tagwerk in die Höhle zurückgekrochen, haben sich vors Feuer gesetzt, stumm hineingestiert und sich von der Hatz auf Mammut und Säbelzahntiger entspannt. Das Feuer ist dem Fernsehgerät gewichen, doch der Effekt bleibt derselbe: Man guckt sinnfrei vor sich hin und relaxt. „Typisch Männer", sagen in solchen Fällen die Töchter, die dafür lieber „Sex and the City" auf DVD zum 89. Mal ansehen. Der Qualitätsvergleich zwischen Rambo und Sarah Jessica Parker sei dem Leser an dieser Stelle erspart. Eins bleibt aber festgemauert in der Erde der Meinungen: Männer gucken blöde Sachen in der Glotze. Man sollte allerdings nicht den Fehler machen, dann heimzukehren, wenn „Germany's next Topmodel" gerade läuft. Da sitzt dann zu Hause die gesamte Damenriege gebannt vor dem Bildschirm und sieht zu, wie Heidi Klum – die weibliche Ausgabe von Rambo – ihre Mädels klein macht. „Wat'n Scheiß", sagte der Herr des Hauses, der an solchen Abenden in seinem Haus allerdings rein gar nichts zu melden hat, zumindest fernsehprogrammmäßig nicht. „Papa, das verstehst du nicht", kräht es ihm im Chor entgegen. Papa schweigt daraufhin stille, denkt weinenden Auges an Dirty Harry und beneidet seine Vorfahren: Lieber ein Säbelzahntiger als Heidi Klum.

Nomen est omen

Namensfindungen sind ein heikles Thema, wovon nicht nur viele werdende Eltern, die sich diesbezüglich in die Haare gekriegt haben, künden können, sondern auch deren Kinder. Dem Schreiber dieser Zeilen beispielsweise schwebte, als Tochter Nummer eins sich ankündigte, der britisch-noble Name „Abigail" vor, der allerdings nach anhaltendem und heftigem Widerstand der werdenden Mutter dann doch verworfen wurde. Dafür dankt ihr die Erstgeborene heute noch auf den Knien. Da der Erzeuger selbst von seinem Vater einstens aus rational nicht nachvollziehbaren Gründen mit dem zweiten Vornamen „Eberhard" bedacht worden war, schwang vielleicht auch ein Quäntchen Revanchegelüste mit. Beim Stammhalter fand die väterliche Namenswahl „Urs" auch mütterliche Zustimmung. Dass im Grundschulalter spottfähige Mitschüler aus dem bärenstarken Urs eine feminisierte Ursula machten, hatte eine überschaubare Halbwertzeit, da der wehrhafte Knabe nachdrücklich zu beweisen vermochte, dass seine Boxhiebe durchaus männlicher Natur waren. Frischgeborene unschuldige Kleine können sich bekanntlich gegen Namensgebungen nicht wehren. Umso rätselhafter erscheint es, dass Menschen im bereits wehrhaften Alter sich mit Bindestrich-Namen verzieren lassen. SPD-Politiker Thorsten Schäfer-Gümbel, der Nachfolger Andrea Ypsilantis, ist momentan der aktuellste Vertreter dieser Klasse. Die liberale Sabine Leutheusser-Schnarrenberger besitzt die längste Tradition, die Biathletin Simone Greiner-Petter-Memm neben Katrin Rutschow-Stomporowski (Rudern) die ausgefallenste. Die Vorstellung, dass ein Sohn der FDP-Politikerin und eine Tochter der Biathletin heiraten und diese nicht nur ihren Hausstand, sondern auch ihre Namen zusammenlegen, hat etwas durchaus Reizvolles. Inzwischen hat allerdings das Bindestrichfieber etwas nachgelassen. Dafür blüht die Namensexotik auf dem Sektor der Vornamen von Prominentenkindern umso üppiger. Die Opernsängerin Nebtrebko, die auf den handelsüblichen Vornamen Anna hört, hat ihren weiblichen Nachwuchs mit dem Vornamen „Tiago Arua" beglückt. Die Tochter der Filmschauspielerin Nicole Kidman hört auf den Namen „Sunday Rose", was aber verglichen mit „Zuma Nesta Rock" schon beinahe bieder klingt. Zuma Nesta Rock hat die Sängerin Gwen Stefani zur Mutter und wird, wenn sie sich dereinst artikulieren kann, ihrer Frau Mama sicherlich etliches rocken. Ob „Bronx Mowgli" (Nachkomme Ashley Simpsons) und „Nahla Ariola" (Leibesfrucht der Filmschauspielerin Halle Berry) ihre Mütter ob dieser Namen in ihr Nachtgebet einschließen, darf durchaus bezweifelt werden. Wahrscheinlich krönen sie einst diese Vornamenswunder mit einem stattlichen Bindestrich-Ehenamen. Genau besehen ist Eberhard doch ein feiner Name.

Närrische Zeiten

Wer mit der Zeit geht, der ist in diesen Tagen närrisch. Damit ist nicht der Geisteszustand nach dem Lesen des Wirtschaftsteils gemeint, sondern die fasnets-/faschings-/karnevalistisch-getränkte Geistesgrundhaltung. Wen je ein unbarmherziges Schicksal dazu verdonnert hat, in einer dekorierten Mehrzweckhalle zu sitzen und Melodien zu hören, die bereits vor 80 Jahren zu Recht auf der Roten Liste der auszurottenden Faschingslieder gestanden (und dies leider Gottes irgendwie überlebt) haben, der weiß um die Unendlichkeit des unaufhaltbaren Seins. Die Kapelle spielt einen Tusch, „Es war einmal ..." wird intoniert und rechts und links vom Besucher ergreifen resolute Damen mittleren Alters – nur echt mit den ausgeprägten Schweißflecken in der Achselgegend – die Ellenbogen des arglosen Besuchers und zerren diesen hin und her. „Schunkeln" heißt man so was. Doch was sich nach freiwilliger Handlung anhört, artet real stets in Zwangsschunkeln aus, links und rechts und hoch und nieder und immer wieder. Erbarmen ist ebenso wenig angesagt wie Entkommen. Im Zweifelsfall ertönt gleich darauf noch mal ein Tusch, der Scherzkeks mit dem Dirigentenstab in der Hand kräht „Damenwahl!" und das Verhängnis nimmt nun endgültig seinen Lauf. Es soll Zeitgenossen geben, die nach solchen Erlebnissen tiefsinnig geworden sind. Dabei ist Fasnet ja sowieso die Zeit des Nachdenkens. Nicht über das Leben an und für sich, sondern über das richtige Kostüm. Großvater hatte eine Lederhose, bei der auf Knopfdruck das Hosentürl aufging und einen prachtvollen Geranientopf präsentierte. Leider Gottes hat Mutter ihrem Vater strikt untersagt, dieses Faschingsgewand an den Enkel zu vererben. So hat man sich Vaters Charleston-Hose geholt, seinen Strohhut aufgesetzt und ist zu einem Ball gepilgert, für den „Maskierungspflicht" vorgeschrieben war. „Sie kommet net nei", sagte ein brummeliger Türsteher. „Aber das ist meine 20er-Jahre-Maskerade!" „So hock' i jeden Abend vor meim Fernseher. Sie bleibat draußa!" Es ist nichts so ernst wie das Närrische. Junior, dem genormt-verordneten Frohsinn eher abhold, ist lieber jenseits der genormten Zeiten närrisch. Zu Silvester beispielsweise ist er zu einer Bad-Taste-Party gegangen. Bad Taste = schlechter Geschmack. Soll heißen: Wer auf dieser Sause das haarsträubendste, schrillste, schrägste, gemeinste, geschmackloseste Outfit anhat, ist Sieger. „Er hat gewonnen", flüstert seine kleine Schwester, als Mutter und Vater von ihrem Neujahrs-Kurzurlaub zurückkehren. „Warum sagt er uns das nicht selber?" Schweigen im Walde. Was für eine Scheußlichkeit hat er denn angezogen gehabt? „Genau das Jackett, mit dem du Mama vor zwei Wochen zum Ball begleitet hast." Mein Gala-Sakko hat den ersten Preis beim Schlechten-Geschmack-Wettbewerb gewonnen! I wer' narrisch.

Von der Völlerei

In diesen Tagen, da Besinnlichkeit und Enthaltsamkeit angesagt sind, hat der Vatikan den Jesuiten Roberto Busa damit beauftragt, die häufigsten Sünden der Menschheit nach Geschlechtern aufzudröseln. Roberto Busa ist 95, doch seine Erkenntnis ist zeitlos jung. Demnach verwirken die Damen ihr Seelenheil zuvörderst durch Hochmut, Stolz und Neid, wohingegen Männer vornehmlich der Wollust, der Völlerei und dem Faulenzen frönen. „Völlerei?", lacht Kumpel Heiko. „Mumpitz! Nichts fällt mir einfacher, als in der Fastenzeit auf Fleisch zu verzichten. Dann ess' ich Kartoffelsalat." Eine gute Antwort, allerdings eine oberflächliche. Denn im Gegensatz zur Münchner Weißwurst und den schwäbischen Maultaschen, derentwegen heiße juristische Auseinandersetzungen um das Urheberrecht toben, ist das Gericht aus geschnittenen Erdäpfeln kulinarisches Freiwild. Während in unserer Region auch als „Grombirasalat" bekannt und nur schwäbisch echt mit Essig, Öl, Fleischbrühe und Schnittlauch, werden im Norden die Kartoffelscheiben mit Mayonnaise malträtiert und heißen im Kohlenpott „Erpelschlut". Wahrscheinlich schmeckt's auch exakt so. Es dürfen dort laut Rezept „auch Bratenreste, Matjes und Wurststückchen dazugegeben werden." Brrrr! In zeitgeistigen Kochbüchern stößt man auf Rezepte mit Avocados, Krabben und Tintenfisch. Was sagt uns dies? Kartoffelsalat ist nicht gleich Kartoffelsalat. Der Chronist erinnert sich mit Schaudern an einen Mainauausflug, als er an einem preiswerten Imbiss Wienerle mit Kartoffelsalat bestellte. Der Salat wirkte schon rein optisch gut abgehangen und schmeckte so, als ob sich in ihm schon mannigfaltiges Leben entwickele. Größere Vorsicht sei auch bei Volksfesten angesagt, wenn die saftige Sättigungsbeilage aus großen, industriell gefüllten Plastikeimern geschöpft wird – alle ehrenamtlichen Köchinnen bei Vereinsfeiern sind hiervon ausdrücklichst ausgenommen. Denn über einen Grombirasalat nach schwäbischer Hausfrauenart geht fast gar nichts. Gerne erinnert man sich an einen Silvesterabend in einem noblen Isnyer Hotel, bei dem die zahlenden Gäste vor einem opulenten Büfett standen und sich der Qual der Wahl hingaben. Inmitten von Lachspasteten, Meeresfrüchten und Fleischdelikatessen prangte ein Berg überaus appetitlichen Kartoffelsalats. „Wenn wir da zuschlagen, passt all des andere Gute nicht mehr in uns hinein", mahnte Freund Hermann. Antwort: „Trotzdem!" Wir haben die Weisheit „Lieber den Magen verrenkt, als dem Wirt was gschenkt" beherzigt. Womit bewiesen wäre: Ein richtiger schwäbischer Kartoffelsalat schlägt alle anderen Delikatessen. Und Roberto Busa muss umdenken: Männer denken nicht immer nur an das eine. Bei ihnen kann sich Wollust durchaus mit Völlerei zur absoluten Spitzensünde paaren. Guten Appetit.

Nackte Tatsachen

Sommer", sagt die drittgeborene Tochter, „endlich Sommer!" Kaum dass die Sonne halbwegs keck durch die Regenwolken lugt, hält sie jeden Quadratzentimeter ihrer Epidermis, den Anstand, Erziehung und Schamgefühl zulassen, ins Sonnenlicht. Dann legt sie ihren Unterarm neben Papas Ellenbogen und gluckst glücklich: „Ich bin brauner als du!" „Du weißt schon, dass man davon Hautkrebs kriegen kann." Väterliche Ermahnungen tun, was sie meistens tun: Sie verpuffen. „Braun sein ist doch schön!" Papa erwidert, dass er sich kaum Unästhetischeres vorstellen kann als den Anblick brutzelbraun gebratener Mitmenschen mit Goldkettchen, aufgeknüpftem Oberhemd (wahlweise auch offenherzigem Dekolleté) und ins Haupthaar gesteckter Sonnenbrille. Eins geht aber noch drüber: kurze Hosen. Der Ungnade der frühen Geburt verdankt man die Tatsache, dass man den Siegeszug der Hotpants in den Siebzigern miterleben musste, für die vor allem Damen ab Konfektionsgröße 44 eine unheilvolle Vorliebe fassten. Diese (Un-)Sitte ist Gott sei Dank den Gang aller Dinge gegangen. Gekommen ist dagegen der Hang des starken Geschlechts zu minimalisiertem Beinkleid, wobei stets „Je stacheliger das blasse Bein, desto kürzer die Hose" gilt. Kaum wird die häusliche Heizung abgestellt, schon holen meine Geschlechtsgenossen Shorts in allen Variationen aus dem Schrank, wobei sich vor allem abgeschnittene Billigmarken-Jeans einer unheilvollen Beliebtheit erfreuen. Gucken diese Menschen in keinen Spiegel mehr? Tun sie nicht, sonst fände nicht der Trend zur gänzlichen Textilfreiheit immer größeren Zulauf. Gut, FKK-Freaks gab es schon zu Zeiten der Reichsmark, wobei die Jünger dieses Trends sich allerdings zumeist in sorgsam abgeschotteten Revieren bewegten. Es war einmal. Inzwischen gibt es sowohl in Frankreich wie auch in Spanien Golfplätze, auf denen nur nackt gespielt werden darf. Was die Puristen des Nudismus allerdings nur eingeschränkt bejahen, weil jene Menschen, die mit langen Metallstöcken kleine Bälle in kleine Löcher schlagen, Golfschuhe tragen müssen. Es gibt Nackt-Segelangebote, Offerten fürs textilfreie Radeln und in North Carolina einen Nackt-Triathlon. Selbst in züchtigen baden-württembergischen Landen gibt es ein Hotel, in dem Nacktsein Pflicht ist. Dass es in Freudenstadt steht, hat nach Angabe des Besitzers aber nichts mit fleischlichen Freuden zu tun. Ein Land zieht blank. Nicht jedes Land. Der Kanton Appenzell-Innerrhoden, der sich schon im Kampf wider das Frauenwahlrecht mannesmutig gegen den Zeitgeist gestemmt hatte, erließ nun ein Nacktwanderverbot. Wer künftighin hosenlos durch die Appenzeller Bergwelt schweift, muss 200 Franken bezahlen. Solche Nachrichten lassen hoffen. Außerdem erledigt sich die nackte Not mittelfristig auch meteorologisch. In 160 Tagen ist Weihnachten.

Man spricht nicht Mundart

"Warum redest du eigentlich so geschwollen?" Der Freund, der's ins Management geschafft und die letzten zehn Sätze ununterbrochen von „performances", „break even point" und „CEO" gesprochen hat, guckt irritiert. „Wieso? Das Schwäbische hab' ich mir als Allererstes abtrainieren müssen. Das wirkt ja so was von provinziell." Der Provinzler hat schon immer geahnt, dass man manchmal auf der unteren Stufe der Karriereleiter sein Rückgrat abgeben muss. Dass dazu auch die muttersprachliche Mundart dazugehört, wollte man irgendwie nicht so richtig wahrhaben. Ganz oben spricht man nicht Mundart. Ganz oben spricht man so, wie die Modeschöpferin Jil Sander (Fischkopf): „Die Audience hat alles ... supported. Der problembewusste Mensch von heute kann diese Sachen, diese refined Qualitäten mit spirit eben auch appreciaten. Man muss Sinn haben für das effortless, das magic meines Stils." Aha. Soso. Das ist zwar absolut gaga. Aber stilish. Und wer mitreden will, muss stilish sein. Mitreden geht aber nur hochdeutsch. So hat ein Fernsehsender eine TV-Serie in Württemberg angesiedelt unter der Prämisse, dass auf gar keinen Fall schwäbisch gesprochen wird. Wer in Berlin anhand seiner Aussprache als Schwabe identifizierbar ist, rangiert ganz unten. Schwäbisch ist nämlich, wie Meinungsforscher herausgefunden zu haben glauben, der unbeliebteste deutsche Dialekt zusammen mit Sächsisch. Ganz oben steht? Natürlich bayerisch. Weshalb sich vor allem in München ganz viele Preußen darum bemühen, jenseits der Geschäftswelt in der Sprache der Eingeborenen zu parlieren, wobei der sattsam bekannte „Oachkoatzlschwoaf" als Lackmustest gilt. Mal ganz abgesehen davon, dass es für eine gehörige Portion Masochismus spricht, als Beute-Bayer gelten zu wollen – was ist schon ein bodenständig richtig ausgesprochener Eichkätzchenschweif gegen die stimmige Betonung des Wortes „unangenehm" auf schwäbisch: oagnehm. Schwäbisch ist so, wie die Beherrscher der dazugehörigen Mundart sind: sperrig, erschließt sich nicht jedem, aber wenn, dann ist es ein absoluter Lebensqualitätsgewinn. Im Ulmer Fischerviertel hat die empfehlenswerte „Forelle" auf ihre Papierservietten „I schwätz' schwäbisch" drucken lassen. Also liegt dem sauren Leberle ein kleines Vokabularium bei, anhand dessen der Preuß' die Feinheiten unserer Sprache erfährt. Beispielsweise, dass „ich bin satt" plastischer „dr Ranza schpannt" heißt oder dass die kleinste Maßeinheit ein Muggaseggele ist – geht es noch anschaulicher? Nein. Nur das Wort „sodele", das hinter jede gelungene Tätigkeit – sei es beim Schaffen, beim Essen oder im Schlafzimmer – gesetzt wird, fehlt auf der Serviette. Womit diese sprachliche Wissenslücke auch gefüllt wäre. Sodele.

Wilde Tiere

„Viele, von denen man glaubt, sie seien gestorben, sind bloß verheiratet." Nein, das ist kein Zitat eines stolzen Junggesellen, sondern die Erkenntnis einer einst ebenso lebenslustigen wie lebenserfahrenen Französin. Francoise Sagan, die lebte, wie eine an beiden Enden angezündete Kerze, wusste, wovon sie sprach. Ebenso wie ihre literarische Schwester George Sand: „Die Ehe ist nur vor der Heirat angenehm." Dies allerdings gilt für beiderlei Geschlechter. In diesen unseren mitteleuropäischen Gauen wissen die Damen, wie man diesem Missstand entkommen kann, wovon die Scheidungszahlen zeugen. Im fernen, nur scheinbar postmodernen Indonesien, sind die Töchter Evas auf einen anderen Ausweg aus der traditionell monogamen Monotonie gekommen. Hatijah Bintiam aus Bandung hat nämlich den „Global Ikhwan" gegründet, was nichts anderes ist als ein Verein zur Förderung der Polygamie, besser bekannt als Vielweiberei. „Mehrere Frauen zu ehelichen", so das Bekenntnis der Musliminnen, biete „eine vernünftige Lösung für die natürlichen männlichen Bedürfnisse", und sei allemal besser, als „sich durch fremde Betten zu schlafen oder mit Geliebten ein Doppelleben zu führen." Ein revolutionärer Vorschlag. Nur scheinbar. Indonesien ist immerhin das bevölkerungsreichste muslimische Land der Welt, und in diesem Religionsumfeld gestattet der Koran beispielsweise den Herren der Schöpfung, bis zu vier Frauen zu heiraten, mit einer kleinen Einschränkung. Mann soll besser bei nur einer bleiben, wenn er nicht allen gerecht werden kann. Was will uns der Prophet damit sagen? Dass es gut ist, so wie es ist? Dass es nahezu unmöglich ist, einer Frau gerecht zu werden, geschweige denn gleich mehreren? Abdul Hamim Fauzie, Sprecher der neugegründeten „Männerkoalition gegen Vielweiberei" jedenfalls sieht die Würde des Mannes beschädigt. „Wir stehen wie wilde Tiere da, egoistisch, treulos und unfähig, unsere Libido zu kontrollieren!" „Na und?", mögen da unsere emanzipierten mitteleuropäischen Schwestern sagen, so sind se doch! Es wird interessant zu beobachten sein, ob und wie weit in Indonesien der Fortschritt der Zwischenmenschlichkeit beschleunigt wird. Die südostasiatischen Frauen sollten sich die Hollywood-Ikone Bette Davis als Hausheilige sichern. Ihre Devise war: „Ich werde wieder heiraten, wenn ich einen Mann finde, der fünfzehn Millionen Dollar hat, mir vor der Hochzeit die Hälfte davon überschreibt und dann garantiert, dass er innerhalb eines Jahres stirbt." Idealmaße 40-90-40 (40 Millionen Vermögen, 90 Jahre alt, 40 Grad Fieber). Das wäre wohl im Sinne des Korans. So wird man(n) seiner Frau, beziehungsweise seinen vier Frauen, mehr als gerecht. Und stellt somit jenen Typus dar, den jede Frau stetig sucht und nimmermehr findet: den idealen Gatten.

Katzen-Seligkeit

Entweder oder heißt für viele Mitmenschen die Devise. Entweder man trinkt Tee oder hängt süchtig am Koffein. Entweder FC Bayern oder VfB Stuttgart. Entweder Katzenfreak oder Hund-Herrchen. Ein lauwarmes sowohl-als-auch gilt nicht. Gilt doch. Seit frühester Kindheit ist der Chronist mit Katzen aufgewachsen. Sie waren prinzipiell schwarz, hießen alle „Peter" und starben zumeist an Herzverfettung. Als Peter der Letzte mit einem finalen Schnaufer vom Klavierdeckel fiel, beschloss Mutter: „Keine Katze mehr." Selbst Familienvater geworden, ist die Nachbarsfamilie weggezogen unter Hinterlassenschaft zweier schwarz-weiß gemusterter Katzen. „Regula" hieß die Kätzin, „Kufstein" der männliche Part. Weil das für Kinder unverständlich-unaussprechbare Namen waren hörte die Dame fortan auf „Gulasch" und der Macho auf „Kufstein", was zu gewisser Verwunderung führte, wenn man die Fenster öffnete und zur Katzenabendessenszeit laut „Gulasch" und „Kufstein" schrie – wir haben es ausgehalten. Die Katzen auch. „Kufstein" ging viel zu früh in die ewigen Mäusejagdgründe. „Gulasch" ist mit umgezogen, vom Dorf in die belebtere Stadt, wo sie lange überlebte, ehe sie „Kufstein" nachfolgte. Vorher hatte allerdings schon die große, damals noch eher kleine Tochter dafür gesorgt, dass „Gulasch" Gesellschaft bekam, „Schneeflocke", eine weiße kleine Katze. „Flocke" wartete – auch spätnachts – immer am Fuß der langen Gartentreppe, bis Herrchen kam, legte sich bei jeder Stufe auf den Rücken und musste am Bauch gekrault werden. „Die ist ja wie ein Hund", sagte die Gattin. So etwas hat Folgen. Irgendwann durchbrach die Familie der Katzenhalter das eherne Entweder-oder-Prinzip und ein Vierbeiner bezog das Haus, der nicht miaute, sondern bellte. Was „Flocke" natürlich als bösartige Einengung ihres exklusiven Domizils empfand, weshalb die Lebenskreise der beiden tierischen Partner fein säuberlich getrennt wurden. Hund „Viva" unten, Katze „Flocke" im ersten Stock. Und am Fuß der Treppe ein Baby-Absperrgitter, über das man per Grätsche zu steigen hatte. Hält fit, kann ich versichern. Dass „Flocke" prinzipiell ihren Kopf durch das Treppengeländer steckte und den Hund provozierte, versteht sich: So eine Katze ist halt auch bloß eine Frau. Weshalb sie sich bestens hielt. „Früher bekam ich für mich Komplimente", sagt die Gattin, „jetzt dafür, dass sich meine Katze so gut hält." Inzwischen jagt auch „Flocke" im Katzenhimmel. Das Gitter ist weg, und der Hund hat prompt das oberste Stockwerk mit in Beschlag genommen. Ein Teil der Familie. Ein ansehnliches Teil. „Was für ein schöner Kerle", sagte kürzlich eine Dame als Herr und Hund des Weges trotteten. Und fügte an: „I moin frei bloß den Hund." So lernt man Bescheidenheit.

Krawatte muss sein

Der Mann von Welt trägt Krawatte. Ab einer gewissen Stufenhöhe der Karriereleiter gehört es sich einfach, so ein gebundenes Tuch um den Hals zu tragen – ein seriöses natürlich. Kein skurriles wie das Seidentuch aus Monthy-Python-England, wo ich einstens in York zwei wunderhübsche Krawatten erstand. Eine dunkelblaue mit einem süßen rosaroten Schweinderl drauf und den Buchstaben „MCP" („male chauvinist pig"), was übersetzt „männliches Chauvinistenschwein" bedeutet. Very british. Die zweite Krawatte ist weinrot, zeigt ein großes und ein kleines Exemplar des sus scrofa (gemeines Hausschwein) und die Buchstaben „Soamcp" („son of a male chauvinist pig"): Sohn eines männlichen Chauvinistenschweins. Mein Stammhalter und ich haben die Halstücher exakt zweimal zusammen getragen – dann war Schluss mit lustig. Erstens hatte der Gag sich abgenutzt. Und zweitens hassen Vater wie Sohn gestärkte Hemden. Weil die Dame des Hauses auch lustvollere Aufgaben kennt, als das Bügeln von Herrenhemden, ergänzte sich all dies trefflich. Wer keine Krawatte trägt, braucht auch kein Hemd und greift – jawollja – zum T-Shirt. Im Zweifelsfall auch – obwohl und gerade weil es so prollig gilt – zum bedruckten T-Shirt. Über Dinger wie „Ich bin über 50 – bitte helfen Sie mir über die Straße" habe ich zum letzten Mal im Kindergarten gelacht; und auch da nur aus Höflichkeit. Das schwarze Exemplar aus Dresden mit der Aufschrift „Scheiß der Hund drauf!" erfreut sich lange Zeit größerer Beliebtheit, ehe die Gattin ihr Veto einlegte. Junior brachte kürzlich eines mit der Aufschrift: „Kreuzzüge – Hexenverbrennung – Inquisition. Wir verstehen zu feiern. Ihre Kirche" mit, was für den Lohnempfänger einer Zeitung für christliche Kultur und Politik vielleicht nicht so ganz richtig am Platz gewesen wäre. Das T-Shirt mit „So absurd es klingt – auch ich mache Fehler" hätte ich gerne meinem Chef geschenkt, es aber dann doch gelassen. Und das Teil mit dem Satz „Ihr seid nur neidisch, weil die leisen Stimmen nicht zu euch sprechen" hätte den Seriositätsanspruch in wichtigen Konferenzen eventuell entscheidend unterminiert. Aktueller Favorit ist deshalb das Leiberl mit dem Logo „Meine Eltern sollen es einmal besser haben als ich". Allerdings ist das ironisch. Und die Argumentation wohlwollender Mitmenschen, dass die meisten Menschen mit Ironie nichts anfangen können, ist auf fruchtbaren Boden gefallen. Außerdem will man sich nicht immer zum Affen machen. Also greift man(n) wieder zum Hemd. Allerdings ohne Würgeband um den Hals. Und wenn die Kleiderordnung doch „Abendkleidung" vorschreibt oder „gepflegte Geschäftsgarderobe", dann greift man einfach in die zweitunterste Schublade im Kleiderschrank. Das schwarze T-Shirt aus Dresden – „Hallo Hund!" – trifft auf die meisten Fälle des Lebens zu. Der wahre Mann von Welt trägt nämlich Krawatte nur in Ausnahmefällen.

Kaurismäkki grüßt

Maschinen haben keine Seele! Jedesmal, wenn einer der Kollegen wutentbrannt auf seinem Computer herumhackt und zetert: „Das Biest mag mich nicht!", erwidert der Chronist: „Das sind Werkzeuge. Die haben kein Herz und keine Seele." Man sollte sich nie zu sicher sein. Als ich kürzlich einen Dienstwagen abholte und eine hochgeschossige Familienkutsche zugewiesen bekam, erwiderte ich dezent: „Gibt es keinen anderen? Den mag ich nicht und der mag mich nicht!" Die verwaltende Dame verneinte höchstliebst. Also machte man sich auf gen Landeshauptstadt. Dort angekommen, blinkte auf der Armaturentafel eine Buchstabenkombination auf: EPC. Der Schreiber dieser Zeilen, bekennender technischer Vollidiot, kramt das Bordbuch hervor und liest unter EPC „Fehler an der elektronischen Steuerung Ihres Fahrzeugs. Nächste Werkstatt anfahren." Was heißt: Die Maschine hat mich nicht gemocht und ich sie ebenso wenig. Am Fastnachtssamstag um halb drei haben alle Werkstätten zu. Als man in der Nacht die Heimreise antritt, gibt der Motor zwischen Kirchheim und Aichelberg den Geist auf und ruckelt nur noch. „Warum fährst du so komisch?", fragt die Gattin. Es sollen schon Menschen für weniger provozierende Sätze körperlich gezüchtigt worden sein. Mann züchtigt nicht. Mann schaltet die Warnblinkanlage ein und hoppelt die Ausfahrt Aichelberg herunter. Nach zwei Kilometern kommt das Ortsschild von Weilheim und ein blau-erleuchtetes Schild: „Aral". Tankstelle ist immer gut. „Ich habe eine Panne. Ich sollte den ADAC anrufen." Die sechs Leute, die an Bistrotischen stehen, merken auf: endlich Action. Der Zahl ihrer leeren Bierdosen nach zu urteilen sind sie schon länger da. „Pech ghätt?", fragt ein Mitmensch, dessen mistverschmierte Gummistiefel ihn als Mitglied der landwirtschaftlich tätigen Bevölkerung ausweisen. „Jo – und a scheiß Auto. Jetzt hoff' i auf da ADAC." Nach einer halben Stunde kommt ein gelber Engel und sagt „So kann ich Sie net weiterfahren lassen. Sonscht standet se am Drakensteiner Hang ohne Standspur und kommat nemmer weiter. I ruaf an Apschleppwagen. Aber des kann oinahalb Stunda daura." „Ich wollte schon immer mal den Fasnetssamstag in einer Aral-Tankstelle vor dem Aichelberg feiern", sagt der Chronist und nimmt dankend einen Teller Gratis-Salzgebäck von der Pächterin entgegen. Die Genossen am Bistrotisch stellen sich vor: Franzose, Russe, Portugiese, Stallhelfer. „Jetzt ka'sch jo oin drinka", sagt der Gummistiefel-Mann, der sichtlich Gefallen an der Gattin des Pannentyps findet. „Prosit. Mir hebat da Dauma, das elles no klappt." Eine Szene wie aus einem Aki-Kaurismäkki-Film. Freunde fürs Leben. Alles klappt. Der Chronist gibt eine Runde Dosenbier aus, der Abschleppwagen kommt. Alles wird gut. Und eines ist gewiss. Maschinen haben keine Seele. Menschen schon.

Gute Tipps

Schade eigentlich, dass in dieser Woche nicht jeden Tag Montag war. Normalerweise mag zwar keiner Montage, weil da das süße Wochenende vorbei und Arbeitsfron wieder angesagt ist. Aber diese Woche war es ja kein normaler Montag, sondern „Weltfrauentag". Spätestens seit dem 8. März weiß auch der muffeligste Macho, dass Frauen sozialer, besser in der Schule, effektiver in der Arbeit und die besseren Autofahrerinnen – kurzum, die besseren Menschen sind. Ein Schelm, wem dabei nicht sofort der lilafarbene Slogan „Eine Frau braucht einen Mann so dringend wie ein Fisch ein Fahrrad" in den Sinn kommt. Darauf kann man(n) vielschichtig reagieren. Trotzig, indem sich Mann mit einer Flasche Bier bewaffnet vor den Fernseher setzt und so lange zappt, bis auf einem Spartenkanal das Match Tiraspol – Chisinau kommt (1. Moldawische Liga, damit auch Frauen wissen, was gemeint ist). Mann kann stoisch reagieren und bruddelnd zugeben, dass in den Zeiten von gender-mainstreaming (ist kein neues Schweinegrippe-Virus, sondern ein emanzipatorisches Dogma) Frauen nicht mehr langsam, sondern nur noch gewaltig kommen. Wenn Mann eine gute Kasko-Versicherung hat, kann er seine große Tochter rückwärts einparken lassen. Es bleibt allerdings auch die literarische Lösung, wie die Lektüre der „Tipps für die perfekte Hausfrau". Gerne lesen wir da doch den Hinweis für die Frau des Hauses, wenn der Gatte von der Arbeit kommt: „Machen Sie sich schick. Legen Sie Make-up auf, dass Sie adrett aussehen. Er war schließlich mit einer Menge erschöpfter Leute zusammen. Hören Sie ihm zu. Sie mögen ein Dutzend wichtiger Dinge auf dem Herzen haben, aber wenn er heimkommt, ist nicht der geeignete Augenblick, darüber zu sprechen. Lassen Sie ihn zuerst erzählen – und vergessen Sie nicht, dass seine Gesprächsthemen wichtiger sind als Ihre. Begrüßen Sie ihn nicht mit Beschwerden und Problemen." Gar nicht schlecht. Doch der kleine Frauen-Ratgeber kann's noch besser: „Beklagen Sie sich nicht, wenn er spät heimkommt oder selbst wenn er die ganze Nacht ausbleibt. Nehmen Sie dies als kleineres Übel, verglichen mit dem, was er vermutlich durchgemacht hat." Aber hallo! Hallo auch: „Fragen Sie ihn nicht darüber aus, was er tagsüber gemacht hat. Zweifeln Sie nicht an seinem Urteilsvermögen oder seiner Rechtschaffenheit. Denken Sie daran: Er ist der Hausherr, und als dieser wird er seinen Willen stets mit Fairness und Aufrichtigkeit durchsetzen. Sie haben kein Recht, ihn infrage zu stellen. Eine gute Ehefrau weiß stets, wo ihr Platz ist." Nein, das ist keine Satire. Das ist echte Lebenshilfe des Monatsmagazins „Housekeeping Monthly" – allerdings schon etwas angestaubt, vom 13. Mai 1955. Lang, lang ist's her. Wahrscheinlich war damals gerade „Weltmännertag".

Töchter dürfen

Es ist schön, wenn man Töchter hat. Diese machen ihrem Vater klar, dass und warum er in unmöglichen Klamotten herumläuft, und dass er hinter dem Mond lebt, weil er „Sex and the City" für blöd hält. Dass Papa dazuhin ein kühles Weizenbier einem klebrigen Caipirinha vorzieht und immer noch nicht begriffen hat, weshalb für Manolo-Blahnik-Schuhe ein paar hundert Euro ein Schnäppchenpreis sind, passt ins Vater-Töchter-Bild. Gut also, dass man auch einen Sohn hat, frei nach dem Motto, was ein Mann in seinem Leben geleistet haben muss: Einen Baum pflanzen, einen Sohn zeugen, ein Buch schreiben. Zugegeben, das mit dem Sohn war die leichteste Übung. Außerdem hat man einstens zwei wunderschöne Kastanienbäume gepflanzt, die ebenso schnell wie jämmerlich eingingen. Und das mit dem Buch? Nächste Frage, bitte. Aber das mit dem Sohn hat ja geklappt. Der ist inzwischen zwar auch längst schon volljährig, dennoch hat Papa kürzlich begierig nachgelesen, was man seinem Stammhalter so alles beibringen muss. Den richtigen Musikgeschmack, beispielsweise. Passt, er hasst Phil Collins genauso wie Vater und findet Beatles toll. Dass er mit Bob Dylan nichts anfangen kann – er wird noch lernen. Zudem soll Senior dem Junior beibringen, mit Geld umzugehen. Solange welches da ist – kein Problem. Und, ganz wichtig: Früh dem Stammhalter beibringen, welcher Fußballverein der Richtige ist. Bingo. Der Ex der großen Tochter hat mal auf die Frage, warum er denn, bitte schön, FC-Bayern-Fan sei, schlicht und ergreifend geantwortet: „Weil ich immer für die Sieger bin." Tochter hat Charakter und konnte mit dem FCB noch nie und kann mit dem diesbezüglichen Fan länger schon auch nichts mehr anfangen. Da war es mit Junior einfacher. Der hat schon seit frühester Jugend sein Herz an einen Stuttgarter Verein gehängt, auf dessen Trikot ein roter Brustring prangt. Es gehört zu den ergreifendsten Vater-Erlebnissen, zusammen mit Sohnemann, beide im Vereinstrikot (Sohn Heimtrikot, Vater Auswärtsdress), bei einem Südderby Bayern – VfB bei Reini im Vereinsheim gesessen und die Live-Übertragung miterlebt zu haben. Der VfB hat verloren – aber schön war es doch. Fans, die nur auf Sieger stehen, sind die wahren Verlierer. Man hat also seine väterlichen Anforderungen erfüllt. Nur die Maxime, dem Sohn beizubringen, wie ein Gentleman zu riechen, wird knifflig. Gentleman? Eher die Szene, wo ein Mann im Zugabteil seine Schuhe auszieht und zum Nachbar sagt: „Entschuldigung, meine Füße sind eingeschlafen." Der Herr Nachbar: „Dem Geruch nach sind sie schon länger verstorben." Ganz so schlimm ist's zwar nicht, aber die Töchter duften prinzipiell anders, ladylike. Erkenntnis: Ein richtiger Mann muss in seinem Leben auch Töchter gezeugt haben. Vielleicht schreib' ich mal ein Buch darüber.

Es wird bös' enden

„Es wird bös' enden" – dieser Satz stammt von Werner Enke aus dem Film „Zur Sache Schätzchen" der späten 60er-Jahre, wo er – schwer vorstellbar – mit einer leichtbekleideten Uschi Glas im Münchner Lotterbett landete. Es ist dann allerdings nichts Richtiges passiert. So bös' hat es dann doch nicht geendet, doch der Spruch steht seither für alle nicht-so-ganz-funktionierenden Alt-68er; ein Lebensmotto. Papa, der weder mit Uschi Glas in der Kiste war, noch in Schwabing hängen geblieben ist, sondern sich dem bürgerlichen Gelderwerb verdingte, hat den Satz immer noch drauf. Sei es, dass Sohnemann seine Urlaubspläne ausbreitet – Asien irgendwohin und dann wird sich schon alles geben –, sei es, dass die große Tochter von ihrem Lebensplan erzählt, ihre Handtaschensammlung von 39 auf 93 Stück auszuweiten, sei es, dass der Versicherungsmensch mit einem Stapel todsicherer, hochverzinslicher Wertpapieranlagen daherkommt. Der Satz „Es wird bös' enden" passt immer. Nur den Menschen der Moderne und den Kindern passt er nicht. Als Vater kürzlich beim Ausmisten in einer Sakkotasche ein Fünfzigpfennigstück fand – das Silberne mit der knieenden Pflanzfrau drauf – hat er feuchte Augen bekommen. „Das war noch richtiges Geld", sinniert er lauthals. „Und eine Mark war eine Mark, und wenn ich heute im Geldbeutel krame, dann weiß ich nicht ob ich ein 20-Cent-Stück (Fufzzgerle) oder eine 50-Cent-Münze (eine Mark) habe." „Papa, wir leben im 21. Jahrhundert!" Dass in diesem 21. Jahrhundert besagtes Geld immer weniger wird – so isses halt. Der Kollege aus der Wirtschaftsredaktion erklärt überzeugend, dass die Spekulanten, die den Euro in den Orkus hinunterwirtschaften, ganz logisch handeln. Der Kopf hört und versteht nicht. Und das Herz, was ein starker Muskel ist, weigert sich, verweigert sich. „Sie sind altmodisch!", sagt die Kollegin, die kulturell und auch sonst absolut auf der Höhe ist. „Der Euro ist prima." Isser das? Mitmenschen, die grundsätzlich guter Laune und prinzipiell positiv gesinnt sind, waren mir schon immer unheimlich. Da denke ich doch lieber an den Kumpel, der sich an der Börse verzockt hat und von seinem Anlageberater den Trost bekam: „Ihr Geld ist nicht weg. Das haben jetzt bloß andere." Als altmodischer Nostalgiker hat man immer allen Anlageversuchungen widerstanden und die schmalen Ersparnisse in jenem Depot angelegt, das klein, viereckig, blau ist und unter dem Namen „Sparbuch" gehandelt wird. Die Zinsen sind – zurückhaltend ausgedrückt – überschaubar. Die Versuchungen, doch noch richtig Reibach zu machen, werden immer heftiger. Das ist was für risikofreudige Jungfüchse. Grauhaarige Nostalgiker trauern der Vergangenheit – nicht Uschi Glas im Korsett, sondern dem silbernen Fuffzgerle – nach und behalten alles im kritischen Auge. Werner Enke war, ist und bleibt unser Prophet: Es wird bös' enden.

Geht doch!

„Alles hängt mit allem zusammen", sagt mein Kollege immer, wenn es um besonders undurchsichtige Sachen geht. Da er sogar bei solchen Dingen durchblickt und außerdem noch mein Vorgesetzter ist, glaube ich ihm aufs Wort. Das muss die Zauberformel sein, die den Weg durch den Dschungel des modernen Daseins weist. Besonders undurchdringlich erscheint dieser Dschungel, seitdem die Menschen nicht mehr mit Briefen oder per Fax kommunizieren. Heute geht alles nur noch per Handy oder per Internet. Wurde man früher eingeladen, so bekam man ein Anmeldeformular, das man ausgefüllt zurückfaxen sollte. Seit etlichen Jahren wird dies virtuell praktiziert, indem man auf einen Internet-Link verwiesen wird, mit dem man auf eine Seite gelangt, auf der man sich anmelden kann – Kennziffer und persönliches Passwort natürlich inbegriffen. Das hat den Charme der Moderne, vor allem hat es aber auch den Charme des Unperfekten, wenn man im Ausland per Computer sich bei einer Organisation anmelden möchte und – sapperlott – das Kennwort vergessen und den Zettel, wo's draufsteht, auf dem heimischen Schreibtisch liegen gelassen hat. „Papaaaa", sagt in solchen Fällen die große Tochter, wobei das vierfache „a" akustischer Ausdruck der Verzweiflung ist, dass der alte Zausel, der als Vater fungiert, das mit dem modernen Leben einfach nicht rafft. Dabei macht die Moderne das Leben doch um so vieles einfacher. Besagte Tochter beispielsweise befragt vor dem Gang zum Kinderfest, welche Garderobe meteorologisch angesagt sei. Das elektronische Helferlein hat: „Leichte Kleidung und offene Schuhe" geantwortet. Dass leichte Kleidung und schwere

Niederschläge ebenso wenig zusammenpassen wie Ballerinas und Sumpflandschaft hat sich dann sogar der jungen Dame erschlossen – allerdings erst in tropfnassem Zustand. Ihren Glauben an die Computer-Wahrhaftigkeit hat es nicht erschüttern können. Dies unterscheidet sie fundamental von ihrem Erzeuger, der kürzlich eine Einladung zu einem Fest bekam. Das ist schön. Weniger schön war, dass die Einladung elektronisch kam und sich ausgedruckt als mehrseitige Anmeldeanleitung entpuppte, vor der der Eingeladene schließlich nach einstündigem vergeblichem Anlauf kapitulierte. Ein Anruf: „Wollte gerne kommen, schaffe die Anmeldung aber nicht. Warum kann ich mich nicht einfach per Telefon anmelden?" „Weil es elektronisch einfacher ist. Aber ich kann Sie auch so einbuchen." Na also. Geht doch. Wie hat Groucho Marx einmal gesagt? „Einem Klub, der mich als Mitglied aufnehmen würde, würde ich nicht beitreten wollen." Will ich zu jemandem, der mich auch altmodisch als Angemeldeten annimmt? Aber immer. Das müssen nämlich nette Leute sein. Mein Kollege hat schon recht: Alles hängt irgendwie mit allem zusammen.

Lebensratgeber

Es ist ein Brauch von alters her – nein, nicht der Umstand, dass, wer Sorgen hat, auch Likör zur Linderung derselben (Gruß an Wilhelm Busch) benötigt, sondern, dass die Menschen danach streben, glücklich zu sein. Das steht bekanntlich in der amerikanischen Verfassung (mit bekanntlich sehr eingeschränktem Erfolg), aber auch offensichtlich in unseren Genen. Ein Blick auf die Sachbuch-Bestsellerlisten macht den Missstand offenkundig. „Glück kommt selten allein", steht da ziemlich weit oben, und ein Schriftwerk namens „Körperglück" ebenfalls. Muss man zu „Alter Sack, was nun?" greifen, wenn man trotzdem seine Probleme mit dem lieben Glück hat? Es geht auch preisgünstiger. Beispielsweise indem man sich eine Frauenzeitschrift kauft und 50 Tipps geliefert bekommt: „Das Geheimnis der guten Laune." Okay – gute Laune ist zwar nur der kleine Bruder vom großen Glück, aber dennoch kann ein längerer Blick nicht schaden. Tipp Nummer elf (Anti-Falten-Gel „Perfectionist Targeted Deep Wrinkle Filler" für schlappe 46 Euro, das den Ausstoß der Glückshormone vervielfacht) beäugt der Leser noch eher skeptisch. Auch dem Ratschlag 14 (Tanzen – „Beim Tanzen schüttet man Endorphine aus und baut Stress ab") begegnet Mann mit fundierter Skepsis, weiß er doch aus diversen Erfahrungen, dass die Kapellenaufforderung „Den Damen zur Freude, den Herren zur Qual – Damenwahl" zu einem unkontrollierten Aufbau von Stresshormonen führen kann. Da greift man doch lieber zur Glücksanweisung Nummer 29 („Ich will mehr küssen"), weil die diesbezüglichen Sachbearbeiter dabei „Hebung der Laune" ebenso festgestellt haben wollen wie eine „Stärkung der Immunabwehr". Außerdem sei Küssen gut gegen Schluckauf. Der Autor, Schluckauf-geplagt, hätte zumindest für künftige eventuelle außereheliche Kussaktivitäten eine prima Begründung: „Küss mich, ich bin ein verzauberter Prinz", ist altmodisch. „Küss mich, ich habe Schluckauf" – das hat was. Mindestens so viel wie das „Gesprächsstoff Liebe"-Spiel der schwedischen Firma Kylskapspoesi. Das ist kein Selbstbauregal von Ikea, sondern ein Partnerspiel: „Was Sie schon immer von Ihrem Liebsten wissen wollten, aber nie zu fragen wagten." Ob dieses dem Glück förderlich ist, lassen wir mal so im Raum stehen. Immerhin hat der Lebenshilfebeitrag Nummer 36 etwas für sich: „Geben Sie Geld auch für sinnvolle Dinge aus." Keine Einwände, solange es die lieben Kinder betrifft. Man achte vor allem auf das kleine Wörtchen „auch". Unser Leben ohne Lebensratgeber wäre ein armes. Was also ist Glück? Frag' nach bei der ehemaligen Schauspiel-Ikone Ingrid Bergmann: „Glück ist gute Gesundheit und ein schlechtes Gedächtnis." Keine Einwände, stimmt hundertprozentig. Vor allem was Glücks-Ratgeber angeht.

Elternteile

Zugegeben: Den Nutzen der Organisation, die unter dem Namen „EU" unser tägliches Leben vom Neigungsgrad der Banane bis hin zur Größe eines Traktorsitzes regelt, habe ich oft unterschätzt, manchmal sogar belächelt. Doch dies ist tummmännlich. Vor allem ist es männlich. Die Vordenker/Innen in Brüssel haben nämlich nun endlich den bösesten Geist unserer Gegenwart erkannt. Horst Seehofer? Stuttgart 21? Thilo Sarrazin? Lothar Matthäus? Schlimmer, viel schlimmer. Der Europarat hat sich jetzt den Kampf gegen das wahre Übel auf sein Banner geschrieben, den Kampf gegen die sprachliche Diskriminierung der Frauen. Vorreiter in diesen Sachen ist die Conföderatio helvetica (besser bekannt als Schweiz), die zwar in manchen Kantonen noch immer mannhaft das Wahlrecht für Frauen verhindert, nichtsdestotrotz nun aber wohlauf zu neuen emanzipierten Ufern aufbricht. Die Bundeskanzlei in Bern hat deshalb eine schwarze Liste der unerwünschten Begriffe in Worte gefasst. „Anfängerkurs"? Igittigitt, wie sexistisch, schließlich ist Anfänger ein männlich besetztes Wort, weshalb bitteschön künftig „Einstiegkurs" verwendet werden soll. „Fußgängerzone"? Geht gar nicht. Fußgänger/Innenzone wäre zwar eine politisch korrekte Alternative, artikuliert sich aber irgendwie sperrig. Da loben wir uns doch den Fahrausweis (früher mal als Führerschein bekannt), den Gästeparkplatz (einst als Besucherparkplatz ausgewiesen), das Pausenzimmer (hieß mal Lehrerzimmer) und das Beurteilungsgespräch (Mitarbeitergespräch adieu!) Die spinnen, die Schweizer? Die reiten auf der Schaumkrone des Fortschritts. Die feministischen Linguistinnen beispielsweise haben die Weltliteratur als einen Hort der Reaktionäre ausgemacht, schließlich sollen Frauen, dort, wo sie vorkommen, grundsätzlich an erster Stelle genannt werden. „Romeo und Julia" – mein Gott, wie rückständig. „Tristan und Isolde" – typisch Wagner. „Harry und Sally" – bis auf den vorgetäuschten Orgasmus ein Stück von vorvorgestern. Und was ist mit der Anrede der Erzeuger von Kindern? Papa und Mama geht schon mal gar nicht. Die Berner Gleichstellungszentrale empfiehlt „geschlechtsabstrakte Personenbezeichnungen wie Elternteil oder Elter statt Vater oder Mutter". Aber ja doch. „Elternteil, hast du mir 'nen Euro für ein Eis?" Wes Herz bei dieser Anrede nicht schmilzt, muss aus Granit sein. Oder ein Elter haben, das bei der EU-Stelle gegen Diskriminierung von Frauen angestellt ist. Vielleicht hängt es auch nur damit zusammen, dass Sprache nie geschlechterneutral verstanden wird. „Wenn du meinst?" aus Frauenmund beispielsweise bedeutet nichts anderes als „Ich hör' dir jetzt nicht mehr zu." Sollte man auf alle künftigen EU-Spracherlasse anwenden.

„Noi, itä!"

Ein Gespenst geht um in Deutschland und befeuert die Angst vor Fremdartigem. Nein, hier ist nicht die Rede von Migrationsdebatten aller Art, sondern von jener Mischung aus Entsetzen und Erstaunen, mit dem der Rest der Republik auf Württemberg und die Umtriebe rund um „Stuttgart 21" schaut. Schwaben als Rebellen – das kommt vielen noch exotischer vor als ein jodelnder Afroamerikaner. Schließlich sitzt das Klischee festgemauert in den Köpfen: Schwaben sind engstirnig, geizig und spießig dazu. Eine Zeitung bemühte dieser Tage den Witz, dass der Grand Canyon deshalb entstanden sei, weil „ein eifriges Schwäblein" ein Geldstück verloren und verzweifelt danach gegraben habe. Dazuhin gelte für die Eingeborenen zwischen Neckar und Bodensee die Philosophie: „Lieber zehn Minuten lang g'schämt, als a groß' Geschenk g'macht." Haben wir gelacht! Zu der Überlegung, dass man eigentlich nicht nur den Bahnhof unter die Erde verlegen solle, sondern ganz Stuttgart dazu, ist es dann nicht mehr weit. „Kinners, hier is doch der Hund verfroren", sagte kürzlich ein Kollege aus Westdeutschland, als er den oberschwäbischen Raum analysierte. Und jetzt ist plötzlich nicht mehr der Hund begraben, sondern der Bär los, weil gutbürgerliche Grauhaarige, die nach landläufiger Meinung den – Verzeihung, aber als Schwabe neigt man zur konkreten Bezeichnung der Dinge – Arsch nicht hochkriegen, gegen die Obrigkeit aufstehen. Die spinnen, die Schwaben? Sie spinnen nicht. Sie sind bloß so, wie sie sind und wie sie Außenstehende meist nicht verstehen. Wer schwäbisch schwätzt, denkt erst mal nach, was dauert. Und wenn er dann das Maul aufmacht, kommt meistens etwas heraus, das belächelt wird, weil die Leute, die vor Schnellreden den Spargel quer essen können, die Feinheiten der schwäbischen Sprache nicht kennen. Trifft man beispielsweise überraschenderweise auf einen Bekannten, so ist die Begrüßungsformel „Ja leck' mi doch am A... (siehe oben), des isch doch dr Herr Sowieso" nichts anderes als eine bodenständige Form des freundlichangenehmen Erstaunens. Und dass die Aufforderung an einen Mitmenschen, der sich bemüht die anfahrende Straßenbahn noch zu erreichen „Sau, Kerle, sau" nichts Unflätiges ist, sondern nur der Rat, die Beine unter den Arm zu nehmen (sauen = rennen), erschließt sich Zugezogenen auch erst nach längerem Verweilen in hiesigen Gauen. Schon der erste Bundespräsident, Theodor Heuss, hat erkannt: „Die Schwaben sind vielleicht der komplizierteste, gewiss der spannungsreichste unter den deutschen Stämmen." Heuss war Schwabe. Wilhelm I. von Württemberg hat es, obwohl er keinen Bahnhofumbau am königlichen Hals hatte, lakonischer formuliert: „Die ersten beiden Worte, die meine Untertanen lernen, heißen: Noi, ita" (Nein, nicht). Stuttgart 21? Nix als Tradition.

Gutsein ist gut

So ein Hundetier ist eine zwiespältige Anschaffung. Es haart wie ein Yeti, verringert die mitmenschlichen Kontakte (weil die beste Freundin der Gattin an mittelschwerer Hundephobie leidet) und sein Lieblingsessen ist die Polsterung des Autorücksitzes. Andererseits freut es sich, wenn man heimkommt, vertreibt aufdringliche Vertreter an der Haustür in Nullkommanix und verschafft seinem Frauchen das beruhigende Gefühl der Sicherheit, wenn Herrchen mal wieder geschäftlich längere Zeit aushäusig ist. Allerdings hat so ein Tier auch Ansprüche. Es braucht gutes Zureden und Streicheleinheiten (weiblich!), seinen gewohnten Rhythmus und vor allem Ausgang, viel und regelmäßig, weshalb der Familienrat vor Anschaffung des Vierbeiners exakt die Spaziergangtermine verteilt hat: mittags Tochter, nachmittags Mutter, abends Junior. Und morgens? „Übernehm' ich", hat Vater gesagt, leichtsinnigerweise. Morgens spazieren gehen ist Kür, wenn die Vögel zwitschern, das Heu duftet und man im T-Shirt fürbass schreitet. Wenn es regnet oder schneit und/oder zusätzlich zweistellige Minusgrade auf dem Thermometer angezeigt werden, wird's harte Pflicht. Doch versprochen ist versprochen und selbst bei Wolkenbrüchen ist es so, wie früher, als man noch Fußball gespielt hat: Wenn man erst mal nass ist, ist es eh gleich. Außerdem kennt so ein Tier kein gutes und kein schlechtes Wetter, sondern bloß gute und schlechte Herrchen. Und man kann bei einem morgendlichen Spaziergang den Kopf auslüften und vielen Gedanken in Ruhe nachhängen. Warum, beispielsweise, gibt es so viel Uneinsichtigkeit? Töchterlein will sich zum 18. Geburtstag endgültig und unwiderruflich ein Piercing verpassen lassen und ein Tattoo dazu. Die Diskussion mit den Geschäftskollegen bringt eine Meinungsvielfalt zutage, die strapaziert. Und Sohnemann ist sowieso kein Gewöhnlicher. Warum widersprechen alle? Onkel Rudi aus den neuen Bundesländern beispielsweise ist ein netter Geselle, aber wenn man ihn besucht und die Rede auf die Währungsunion kommt, bricht jedesmal der kalte Krieg aus. „Die im Westen haben 1:2 getauscht und uns um unsere Ersparnisse betrogen." Der Gast aus dem Schwäbischen kontert: „Viel zu hoch, daran zahlen noch meine Enkel. Eure DDR-Aluchips waren allenfalls ein Zehntel der guten alten Mark wert." Danach geht man entweder grimmig auseinander oder man trinkt ein Bier. Am nächsten Morgen sagt der Onkel zum Abschied: „Und Ihr habt uns doch beschissen." Warum diese Debatten? Weshalb ist man immer allein auf der freien Meinungswildbahn? Was ist der Grund, dass alle widersprechen? „Die Leute lernen's nie", sagt man zum Hund, der sich umdreht und einem die Hand abschleckt, was so viel heißt wie: „Schon gut, Herrchen, du hast Recht." Kein Zweifel: So ein Hund tut gut. Kein Widerspruch.

Weihnachtstage-Plage

Durchhalten! Jetzt haben wir es ja bald halbwegs unbeschadet (??!) überstanden. Fünfmal werden wir noch wach, heißa, dann ist Weihnachtstach. Das heißt, das Schlimmste haben wir bereits hinter uns. Obwohl die Selbstdiagnose bedenklich ausfällt. Den ganzen Tag geht einem ein ganz bestimmtes Lied nicht aus dem Kopf, und während es sich ansonsten um Sachen von Guns'n'Roses, Dylan oder Ambros handelt, hat man diesmal mit Bestürzung festgestellt, dass man das verhasste „I'm coming home for christmas" des noch verhassteren Chris Rea vor sich hin summt. Geht's noch? Es ist höchste Zeit, dass diese Zeit ihr Ende findet. Obwohl alle Jahre wieder natürlich ein vermaledeites Thema nie sein Ende findet: Wer schenkt wem warum was? Nur die „Wann-Frage" erübrigt sich aus gegebenem Anlass. Nach Aktivierung des Langzeitgedächtnisses memoriert der Chronist, dass er auf seine Sprösslingsfrage an Frau Mutter: „Was wünschst du dir zu Weihnachten?" mit konstanter Boshaftigkeit die Antwort erhielt: „Einen braven Sohn, der gute Noten aus der Schule mit nach Hause bringt und seinen Eltern wenig Kummer macht." Mutti war eine ausgesprochen lebenskluge Dame, aber dass es Wünsche im Leben gibt, die ums Verrecken nicht in Erfüllung gehen können, weil sie völlig unrealistisch sind, hat sie vor allem zu Weihnachtszeiten nie gerafft: Gemütvolle Stimmung und rationale Analyse stehen sich gegenüber wie Hund und Katz. Weil die Menschen – trotz vieler anders lautender Indizien – ab und zu doch lernfähig sind, hat man sich den eigenen Kindern gegenüber den „Brave-Kind-Wunsch" tunlichst verkniffen. Nichtsdestotrotz tut sich weihnachtsgeschenkemäßig jedes Jahr ein großes Vakuum auf. Spätestens eine Woche vor dem Fest – also heute – fällt einem die Erkenntnis des „Eisernen Kanzlers" Otto von Bismarck ein, der zwar 1870/71 den damals noch feindlich gesinnten Franzmann in den Griff gekriegt hat, seine familiäre Entourage aber nicht: „Was man auch verschenkt, es wird einem übel genommen." Der Reichskanzler ist 1898 von uns gegangen. Seine Erkenntnis bleibt lebendig immerdar. Und kann bloß wohl mit dem norddeutschen Dichter Theodor Storm („Und wieder nah'n die Weihnachtstage! Gott, hilf mir, dass ich sie ertrage!") abgefedert werden. Eigentlich ist es doch ganz einfach. Man kommt mit seinem Partner überein, dass man sich nichts schenkt, weil man sowieso alles hat. Das ist die Theorie. Die Praxis sieht allerdings so aus, dass ganze Quadratmeter von Taschentüchern am 24.12. nassgeweint werden, da einer der Lebenspartner (zumeist der männliche) diesen Satz für bare Münze genommen hat und folglich mit leeren Händen unter dem Christbaum steht. Kauft Geschenke, Leute! Selbst wenn's eine Weihnachts-CD von Chris Rea sein muss.

Wie wir überlebten

„Ey", sagt die große Tochter und berichtet über ihren Arbeitsplatz, wo eine Kollegin Probleme hat: „Wie die gemobbt wird!" „Kann es sein, dass sie nur kritisiert wird, weil sie Fehler macht?" „Ja, aber trotzdem. Sie wird gemobbt." „Wir haben jetzt die Dicke nicht mehr in der Klasse", erzählt die Kleine. „Die ist so gemobbt worden." „Weshalb?" „Weil sie blöd über alle getratscht hat." „Dann war's kein Mobbing, sondern eine logische Reaktion." „Mobbing ist Mobbing." Der Mobbing-Vorwurf ist vor allem eins – sehr in, ungefähr so in, wie die Vorstellung, dass es eine politisch korrekte Lebens-Vollkasko-Versicherung gibt; Kuschelgarantie inklusive. Vater ist weder modern noch kuschelig. Aber als Vater ist man eben auch zwangsweise Pädagoge. Also sucht er aus dem Internet einen Brief der Früh- an die Spätergeborenen heraus: „Es ist kaum zu glauben, dass wir überleben konnten. Die Fläschchen aus der Apotheke konnten wir ohne Schwierigkeiten öffnen, genauso wie die Flasche mit Bleichmittel. Wir haben uns geschnitten, brachen Knochen und Zähne und niemand wurde deswegen verklagt. Es waren eben Unfälle. Niemand hatte Schuld, außer wir selbst. Wir kämpften und schlugen einander manchmal grün und blau. Damit mussten wir leben, denn es interessierte die Erwachsenen nicht besonders. Wir hatten nicht: Playstation, Nintendo 64, X-Box, Videospiele, 64 Fernsehkanäle, Computer, Internet. Wir hatten: Freunde!!" Die Kleine kriegt große Augen. „Das ist cool, Papa!" „Es geht noch weiter", sagt der Erzeuger: „Wir dachten uns Spiele aus mit Holzstöcken und Tennisbällen. Außerdem aßen wir Würmer. Und die Prophezeiungen trafen nicht ein: Die Würmer lebten nicht in unseren Mägen weiter und mit den Stöcken stachen wir auch nicht besonders viele Augen aus. Beim Straßenfußball durfte nur mitmachen, wer gut war. Wer nicht gut war, musste lernen, mit Enttäuschungen klarzukommen. Manche Schüler waren nicht so schlau wie andere. Sie rasselten durch Prüfungen und wiederholten Klassen. Das führte damals nicht zu emotionalen Elternabenden oder gar zur Änderung der Leistungsbewertung. Höchstens zu einer Ohrfeige daheim. Und zu freudigem Wiedersehen, wenn man in der Wiederholungsklasse viele alte Kumpels wiedertraf, die die gleiche Prozedur schon ein, zwei Jahre zuvor erlebt hatten. Wenn einer von uns gegen das Gesetz verstoßen hatte, war klar, dass die Eltern ihn nicht automatisch heraushauen. Im Gegenteil. Sie waren oft der gleichen Meinung wie die Polizei. So etwas!" „Obercool", sagt die Leibesfrucht, „prima!" „Mag sein", sagt der Vater. „War wirklich so und toll auch. Aber es ist altmodisch. Posaun' es nicht groß herum. Sonst wirst du womöglich gemobbt."

Männerfreunde

Was tut man, wenn man nicht tut, was man einkunftsbedingt tun muss? Man döst vor sich hin. Man träumt ein bisschen in den Tag hinein. Man lässt die Seele baumeln. Oder man geht seinem Hobby nach. Man spielt. „Der Mensch ist nur da ganz Mensch, wo er spielt", hat einstens schon unser schwäbischer Dichterfürst Friedrich Schiller erkannt. Ein gewisser Johan Huizinga, was kein Stürmer von Ajax Amsterdam, sondern ein holländischer Philosoph ist, hat den Begriff des „homo ludens" (spielender Mensch) geprägt, da sich all unsere Systeme ursprünglich aus spielerischen Verhaltensweisen entwickelt hätten. Na ja. Hobby ist immer gut. Den Kollegen, der aus Bierkrug-Sammelleidenschaft eine Passion gemacht hat, kann man gut verstehen. Schließlich wohnt er in Franken, der bayrisch besetzten süddeutschen Provinz mit der größtmöglichen Brauerei-Dichte der gesamten Republik. Ein Kumpel aus dem hohen Norden sammelt Bierdeckel, was zwar nicht den Platz 1 in der Originalitätsrangliste einnimmt, aber immerhin nachvollziehbar ist. Der Chronist selbst ist bekennender Donaldist und bewahrt ganze Jahrgänge (weit vor 1980) in einem schatztruhenähnlichen Behältnis auf. Nachvollziehbare Freizeitgestaltungen. Weniger nachvollziehbar sind die Freizeitgestaltungen, denen jene Herrschaften nachgehen, die ihr Lebensziel offenbar darin sehen, einmal bei „Wetten dass ..." aufzutreten. Dass Männer gerne dazu neigen, mit einem riesigen Schaufelbagger klitzekleine Feuerzeuge anzumachen, bingo. Jene Frau, die bei einem Wettauftritt alle Lottozahlen der letzten Jahre bis zum Ende des römischen Reiches unter Romulus Augustulus auswendig wusste – wir ziehen ehrfürchtig den Hut. Aber vor allem bei jenem Beinahe-Wettkönig, der vergangenen Samstag mit seinem Ohrwatschel Kronkorken in ein Bierglas beförderte, steht der Betrachter stumm und staunend. Wie lange muss man(n) so etwas trainieren, bis es einigermaßen hinhaut? Fragt die Frau des Hauses. „Und was macht dessen Frau derweil? Sieht sie ihm zu, wie er sich sein Ohr so zurichtet, dass es klappt?" Dass er besagtes Ohr kühlen muss, passt ins Bild. In ein Bild menschlicher Irrungen und Verwirrungen, wie jene Wettkandidaten, die sich per Golfschläger Salamiteile in den Schlund schickten. Wer trainiert so etwas? Wahrscheinlich spielen die Frauen solcher Männer selbst irgendwelche kruden Dinge, sagte die Ehefrau. „Da haben sie ihre Ruhe, weil die Männer ihre Ohren zerquetschen oder Salamis per Schläger befördern müssen." Könnte sein. Muss nicht. Vor allem nicht in Zeiten der Frauenquote. Erst ab dem Moment, da die eine Frau einen Lippenstift per Ohr in die Schminkkommode befördert, oder mit dem Staubsauger eine Zigarette anzündet, haut das mit der Gleichberechtigung hin.

Was ist Glück?

„Was ist für Sie Glück?" Bis dahin war es ein netter Abend gewesen: lockere Atmosphäre, leichte Getränke, noch leichtere Gespräche – und dann solch ein rhetorischer Kinnhaken. Flugs erstirbt alles Geplauder über die zuletzt gekaufte Flasche Barolo, die Kauftollwut der Töchter und die Launenhaftigkeit des VfB Stuttgart; alles seichtes Wortgeklingel angesichts solch existenzieller Fragen. Die Dame – Damen können ausgesprochen nachhaltig wirken – wiederholt ihre Frage, woraufhin sich tiefes Schweigen über die Runde senkt, ehe die ersten Antworten kommen. „Ein Schmetterling an einem schönen Sonnenmorgen", von links. „Das Lachen eines Kindes", formuliert der Kamerad zur Rechten – haben allesamt wohl zu viel Rosamunde Pilcher gelesen. Der Chronist steht still und schweiget „Und Sie? Was ist für Sie Glück?" Grübel, grübel und sinnier. Ehrlichkeit ist gut. „Wenn ich am Dienstagvormittag mit meinen Kumpels gekickt, ein Tor geschossen habe, nach zwei Stunden schweißnass mit ihnen im Biergarten sitze und der erste Schluck Hefeweizen auf der Zunge zerzischt – das ist für mich ein Glücksmoment." Ehrlichkeit ist nicht gut. „Banal", sagt die Fragestellerin verächtlich. Zuhause hat man im Duden nachgeschlagen, ob man jetzt beleidigt worden ist. „Banal" – flach, alltäglich. Man ist alltäglich, alldieweil man stetig mit den Fährnissen des Alltags kämpft und Schnäppchen jagt. Richtige Schnäppchen, keine „Geiz-ist-geil"-Käufe, sondern intelligente Innovationen. So hat man erst kürzlich auf Anraten der kleinen Tochter einen funkelnagelneuen Spargelschäler gekauft, damit Mama sich nicht immer so abmühen muss. Das Ding sieht aus wie ein Beiboot von „Raumschiff Enterprise" und kostet ein halbes Wochengehalt. Nach dem ersten Versuch ist eine Hälfte der Spargel entzwei und die andere halbgeschält-holzig. Seitdem verstaubt das Ding. Weil der Hund immer so an der Leine zieht, hat man kürzlich eine neu entwickelte Leine gekauft, die mit einem komplizierten Schnurgewirr über dem Brustbein die Ziehlust des Vierbeiners bremsen soll. Nach zwei Stunden Anprobe sieht der Köter aus wie eine Hundedirne mit Strapsen, zieht aber immer noch wie ein Ochse. Sechs Monate später kommt ein neues Leinenmodell heraus, in welches eine Pfeife integriert ist. Wenn der Hund zieht, gibt die Pfeife einen sehr hohen Ton von sich, der dem Hund so unsympathisch ist, dass er sofort aufhört. Steht im Prospekt. Beim Stadt-Spaziergang gucken die Leute einem kopfschüttelnd nach und fragen sich, wieso der Depp da solche Geräusche von sich gibt. Der Hund fand die Töne übrigens toll. Jetzt hängt das Pfeif-Dings neben der Straps-Variante im Keller. Falls nochmal bei einer Gesellschaft die Glücksfrage hochkommt, bin ich jedenfalls gewappnet. Was ist Glück? Endlich mal ein Schnäppchen zu ergattern, das wirklich funktioniert.

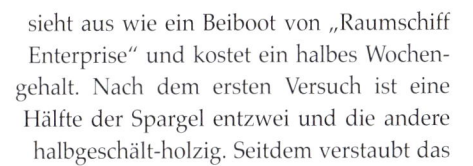

Tolle Tage

„Hey Alter!" Der gut aufgelegte junge Zeitgenosse, der seinen spontanen Kommunikationsbedarf offensichtlich nur schwer in geregelte wörtliche Formate kriegen kann, tut sich ganz offensichtlich schwer. „Hey Alter, alles ganz isi." Ganz isy. Ganz easy. Ganz einfach also. Man denkt an „Faust" und an „Ihr naht euch wieder, schwankende Gestalten" und liegt ganz falsch. Nix Geheimrat Goethe, nichts Bildungsbürgerliches. Bloß Brauchtum. Fasnet statt Faust. Alles ist schön. Schön ist nämlich, wenn alles trotz verwaschener Aussprache ganz einfach erscheint. In diesen tollen Tagen ist das allerdings nicht der Regelfall. Der Chronist erinnert sich nur zu genau und nur zu ungern daran, als ihm in seinem Dasein als „Stadthexe" einstens ein närrischer Orden verliehen wurde, den er im Verlauf eines ebenfalls närrischen Abends seiner Tanzpartnerin um den Hals gehängt hat. „Wo ist dein Orden?", lautete kurz darauf die barsche Frage des Hexenmeisters. „Verschenkt. An ein Mädle, an ein nettes Mädle." Antwort so unkorrekt wie die Ausflüchte des Verteidigungsministers a. D. Konsequenz immerhin dieselbe: Rücktritt, nicht als Verteidigungsminister, sondern als Stadthexe. Nichts ist nämlich so ernst wie das Närrische. Dass man die Hexenmaske abgegeben hat, reut heute noch. „Und so was warst du mal Papa?", fragen die Kinder am Rande des Fasnetszugs, als zahm gewordene Hexen herumtollten. „So was war ich mal", sagt der Vater, „mit meinem Freund Hermann zusammen. Und viel wilder." Der Rest wird verschwiegen. Hexen-Ehrenwort. Es ist alles ganz anders geworden, und geregelter sowieso, und die wilden Zeiten der wilden Hexen sind so weit weg wie jene

Filmszenen, in denen Hollywood-Götter kettenrauchend tiefsinnig philosophische Sätze sagten. Lang, lang ist's her. Bei den Fasnetszügen wird heute ein Verhaltenskodex ausgegeben, der verglichen mit dem Dress-Code schweizerischer Banken (Unterwäsche bitteschön nur fleischfarben) nahezu dezent wirkt. Die wilde Zeit, die die „tollen Tage" vor Aschermittwoch einmal sein sollten, sie ist gezähmt, zahnlos gemacht, harmlos. Eigentlich fehlt nur noch die Gender-Mainstream-Gleichstellungsbeauftragte für Hexen. Aber hallo! Dreimal werden wir noch wach, heissa, dann ist Aschermittwoch. Das ist der Termin, wo man seinen leergesoffenen Geldbeutel im Brunnen wäscht, alle Sünden bitterlich bereut, reumütig zur zeitweilig verlassenen Lebenspartnerin zurückkehrt und generell schwört, künftig und überhaupt ein ganz anderer, im Zweifelsfall ein besserer Mensch zu werden. Kommen da Zweifel auf? Nicht zugelassen. Der junge Zeitgenosse hat wirklich recht: Es ist alles ganz isi. Zumindest in diesen paar wenigen noch verbleibenden Tagen.

Guten Tag

„Nichts ist schwerer zu ertragen, als eine Reihe von guten Tagen", pflegte Vater zu sagen, wenn er mal wieder eine ganz besonders ungute Aufgabe für den Sprössling in petto hatte. Mutter sah das in kulinarischer Hinsicht ebenso, weshalb es die Leibspeise ihres Zweitgeborenen – Sauerbraten mit breiten Nudeln – nur an seinem Geburtstag gab. Eltern haben manchmal komischerweise wirklich recht. Dies erfuhr der Nachkömmling, als er einmal seinen Lüsten freie Bahn gab. Da es zu sehr jugendlichen Zeiten war, bezog sich die Lust auf Süßigkeiten, genauer gesagt auf Marzipan. Vater, gebürtiger Memminger, hatte vom „Fischertag" daselbst eine große Forelle in Lebensgröße aus Marzipan mitgebracht, die Junior im Bett auf einen Sitz verschlang. Dass sich die Marzipanforelle bald darauf selbstständig machte, war irgendwann, als das Bett frisch bezogen und das Zimmer geputzt war, verwunden. Seitdem ist der einst Zügellose ein natürlicher Feind von Süßigkeiten und mit Marzipan kann man ihn jagen. Es stimmt schon: Übermaß tut selten gut. Leider hat sich das noch nicht bis zu den Programmgestaltern unseres Fernsehens durchgesprochen. Wer kein Liebhaber von Kochshows ist, hat einen schweren Stand, durch intelligentes Zappen aber eine minimale Chance. Wenn er Pech hat, landet er bei einem „Promi-Dinner", mittels dessen er verblüfft feststellt, welch krude Gestalten inzwischen unter der Rubrik „Promi" firmieren. Wer ganz großes Pech hat, landet bei einem Melodram. Auf diese Gattung war lange Jahre Veronika Ferres festgelegt, die sich mit tränenfeuchtem Blick weltumfassend um Stasi-Opfer, nazi-verfolgte Mischlingskinder und misshandelte Wale kümmerte. Nur die Serie mit den naziverfolgten gequälten Walen mit Migrationshintergrund fehlte noch. Was vielleicht damit zusammenhängt, dass Frau Ferres seit geraumer Zeit mit einem Lebensgefährten verbandelt ist, von dem man als Bestes sagen kann, dass er seinen Schiffschaukelbremser-Schnauzbart abrasiert hat. Manchmal ist das Leben doch gerecht. Leider bloß manchmal. Also kann man zappen und tricksen wie man will – vor Christine Neubauer gibt es diesen Monat kein Entkommen. Ihr Gatte ist ihr bekanntlich kürzlich von der Fahne gegangen, doch diese Chance hat ja nicht jeder. Wer die TV-Kiste anmacht, kommt nicht umhin, die Dame in humanitären Aktionen zu sehen: Minensuchen mit offener Bluse in Afrika, Gottsuchen mit geschlossenem Oberkleid als Nonne (Karfreitag/Karsamstag – geht als Buße durch) und Heimwerken mit linken Händen. Eine TV-Pizza mit allem. „Das Böse ist immer und überall", hat einst die „Erste Allgemeine Verunsicherung" gesungen – die Jungs müssen Christine Neubauer vorhergesehen haben. Wenn sie demnächst als Nonne Minen ausbuddelt, esse ich doch wieder Marzipan.

Über die Treue

„Es ist nicht gut, dass der Mensch allein sei", hat laut dem Buch der Bücher der Herr bei der Erschaffung der Welt gesagt, ich will ihm eine Gehilfin machen, die um ihn sei." Bekanntlich endete dies mit der Erschaffung der Frau, und ob das hilfreich war, bezweifeln – der Chronist ausgeschlossen – Jahr für Jahr hunderttausende Menschen, die vor dem Scheidungsrichter stehen. Dann ist der Mensch wieder allein, und auf dass es gut sei, sucht er nach einem Mittel gegen das Alleinsein. Wenn er Pech hat, landet er bei Pillen und Promille. Wenn er Glück hat, schafft er sich ein Tier an, ein Haustier. Diese Weisheit erschließt sich nicht jedem. Eine Freundin der Familie gerät an die Grenzen der Hysterie, wenn sie auch nur der Schwanz eines Hundes an der Wade streift. Die Frau meines besten Freundes kriegt Pickel, wenn Katzen ihr auf den Schoß springen wollen. Doch es gibt auch die andere Seite des Daseins. Ob das gemeine Haustier wirklich zum Gefährten taugt, sei mal dahingestellt. Marie Corelli jedenfalls, britische Schriftstellerin und Okkultistin des frühen 20. Jahrhunderts, vermochte sich ihr männerloses Leben überaus passend einzurichten: „Ich habe nie geheiratet, weil ich drei Haustiere habe, die den gleichen Zweck erfüllen wie ein Ehemann. Ich habe einen Hund, der morgens knurrt, einen Papagei, der den ganzen Nachmittag flucht und einen Kater, der spät in der Nacht nach Hause kommt." Von dieser Philosophie ist es nicht mehr weit zu der Überlegung mancher Frau, ob sie sich jetzt einen Hund oder einen Mann anschaffen solle: „Versau' ich mir den Teppich oder versau' ich mir mein Leben?" Was ist schon ein eingedreckter Teppich gegen die Gegenwart eines mitfühlenden Vierbeiners. Katze „Schneeflocke" pflegte das Herrchen immer am Fuß der Treppe abzuholen und sich dann auf jeder Stufe wohlig zu wälzen, obwohl ihr Frauchen stets mahnte: „Aber du bist doch eine weiße Katze!" Und Hund „Lillifee" schlägt jedesmal, wenn Frauchen oder Herrchen auftauchen, mit dem Schwanz einen freudigen Wirbel, der viel ehrlicher ist als alle gestanzten Begrüßungsformeln. Und Freundin Barbara, die des Alleinseins mehr als müde ist, kann ihr Leid wenigstens „Erwin" mitteilen. „Erwin" ist ein Kater und deshalb nächtelang unterwegs – Männersache. Wenn Barbara das nächste Mal den Blues hat, gebe ich ihr Brigitte Bardot zu lesen: „Männer sind Tiere und nicht einmal Tiere führen sich auf wie sie." Oder ich schenke ihr zum Kater noch einen Hund und einen Papagei.

©2011 Verlag Robert Gessler, Friedrichshafen
Robert Gessler GmbH & Co. KG
Friedrichstraße 53
88045 Friedrichshafen
www.verlag-gessler.de

Printed in Germany
Alle Rechte vorbehalten

Illustrationen: Ulrike Bause, Freiburg
Gesamtherstellung: Bodensee Medienzentrum, Tettnang
ISBN: 978-3-86136-156-5